L'ÉMIGRATION
indemnisée

PAR L'ANCIEN RÉGIME

ET DEPUIS LA RESTAURATION ;

Par ISIDORE LEBRUN.

Puisse le bon Monarque, qu'il est inutile de nommer, ne jamais oublier cette importante maxime de Montesquieu : « Que la Cour est l'ennemie née du royaume ; que l'une est insatiable et que l'autre n'est pas inépuisable ! »

FRANKLIN, *Lett.*

DEUXIÈME ÉDITION,

CORRIGÉE ET AUGMENTÉE.

paris,

DELAUNAY, LIBRAIRE,

PALAIS-ROYAL, GALERIES DE BOIS,

CHARLES-BÉCHET, LIBRAIRE-COMMISSIONNAIRE,

QUAI DES AUGUSTINS, n° 57.

—

1825.

DE L'IMPRIMERIE DE FEUGUERAY,
RUE DU CLOÎTRE SAINT-BENOÎT, N° 4.

L'ÉMIGRATION

indemnisée

PAR L'ANCIEN RÉGIME

ET DEPUIS LA RESTAURATION ;

Par ISIDORE LEBRUN.

Puisse le bon Monarque, qu'il est inutile de nommer, ne jamais oublier cette importante maxime de Montesquieu : « Que la Cour est l'ennemie née du royaume ; que l'une est insatiable et que l'autre n'est pas inépuisable ! »

FRANKLIN, *Vau.*

DEUXIÈME ÉDITION,

CORRIGÉE ET AUGMENTÉE.

---

paris,

DELAUNAY, LIBRAIRE,
PALAIS-ROYAL, GALERIES DE BOIS,

CHARLES-BÉCHET, LIBRAIRE-COMMISSIONNAIRE,
QUAI DES AUGUSTINS, N° 57.

1825.

tion d'indemniser ceux qui ont appartenu aux classes
élevées ; mais on ne peut oublier que l'infortune les
a atteints. Il est aussi une part à faire aux temps, aux
opinions, aux mœurs. Le Clergé préféra son propre
intérêt au bien public ; mais il s'honora par des
vertus et par une grande science. Grâce aux progrès
des lumières, le privilége est exécré. Le respect
pour la mémoire de nos pères, qui furent soumis à la
Noblesse, engagerait à atténuer les vices qui cor-
rompirent son institution, quand l'histoire ne ra-
conterait pas ses exploits et ses qualités brillantes.

Ce ne sont donc pas des familles, des classes
mêmes, que l'Indemnité privilégiée livre, malgré
elle, à la censure publique; c'est l'Ancien Régime,
qui s'agite pour reprendre sa puissance. La mali-
gnité frivole vit du scandale, et le cherche où il
n'est pas ; mais l'esprit constitutionnel scrute les
faits ; sa sévérité n'exclut pas l'indulgence : il condamne les abus bien plus que les hommes qui fail-
lirent à la probité, à leur rang et à leurs devoirs : il
tâche surtout de préserver l'avenir du retour d'un
régime coupable, et il s'attache davantage à l'ordre
de choses qui en garantit le présent.

Juger l'Indemnité par l'histoire, demander au
passé les preuves du droit, les motifs du privilége
que réclame l'Emigration contre la Nation, tel a été
le but qu'on s'est proposé dans ce livre. Et sans interroger des temps reculés, le xviii⁰ siècle, et l'é-
poque présente, ont suffi pour démontrer (du
moins on le croit) par une multitude de faits et de
témoignages incontestables, et l'injustice et le danger du projet de l'Indemnité. Les noms des prin-

« La loi de l'Indemnité est une loi de réparation, une loi qui consacre le respect pour la propriété. » Ainsi a été célébrée cette mesure désastreuse. Cependant on n'a pu fixer qu'à 1790 l'origine de ce respect pour la propriété, et c'est une loi de la Révolution qui l'a consacré. Avant cette époque on ne trouve que le système spoliateur de l'Ancien Régime.

C'est l'esquisse de ce Régime qu'on a tracée dans cet ouvrage. Un aveu échappé de la tribune des Pairs a confirmé encore l'accusation incontestable de l'histoire. « Les classes élevées de la société, a dit M. le duc de Fitz-James, sont revenues des *erreurs* du xviii° siècle. La corruption a quitté les salons, mais elle est descendue dans les rues. » Il est trop vrai qu'elle y paraît, mais ce n'est pas *roturière, boutiquière*.

Ces *erreurs* dépravèrent les mœurs, ruinèrent la fortune publique et causèrent la Révolution. En vain des orateurs sacrés, les historiens, les publicistes annoncèrent-ils les désastres qui allaient fondre sur la France. Elle n'a pu succomber à ses maux ; mais ses plaies sont encore ouvertes, et le projet du Gouvernement est de n'en guérir qu'une seule. Les anciens privilégiés vont jouir du privilége du malheur ! On est ainsi provoqué à demander aux écrivains contemporains quels étaient ces attentats, ces vices, ces déprédations qui ont produit de si terribles effets.

Il est injuste, impolitique, de contraindre la Na-

TABLE.

L'ÉMIGRATION

INDEMNISÉE.

INTRODUCTION.

Pouvoir *absolu*, *Censure*, *Police* sont les mots d'ordre donnés par la Saint-Alliance ; les progrès des lumières l'effraient ; ses armées innombrables ne la rassurent pas contre la liberté : il lui faut des Aristocraties. Un trône de notre vieille Europe, entraîné dans un torrent révolutionnaire, s'est-il raffermi par une Constitution libérale, des Castes, dispersées, se montrent impatientes de ressaisir leur antique puissance. Mais le peuple a été le plus malheureux... Pourquoi a-t-il brisé le double joug que ses pères avaient constamment porté ?... Il s'est élevé au plus haut degré de la civilisation... Eh bien, on l'abusera par quelques faux-semblans de libertés, pour le priver de celles mêmes dont il jouissait sous le régime ancien ; de l'Instruction publique on fera un monopole clérical, l'Industrie sera chargée d'entraves, et le Fisc s'emparera des ressources du commerce languissant et de l'agriculture désespérée. Une chose suffit, le Privilége. Que pourrait le gouvernement représentatif ? Autrefois le privilége n'abaissa-t-il pas la puissance royale ? C'est assez de ses traditions ; et elles revivent plus ardentes. S'emparer des emplois publics sera donc la première entreprise : on exigera, on ne sollicitera point des indemnités : on se plaindra de ses malheurs en insultant par le faste à la misère du peuple ; on se fera des titres de l'exil volontaire, même de la guerre civile. Quel sort fut jamais plus propice aux Castes ! Désormais il ne leur faut plus soutenir leur puissance par les armes, se fatiguer en intrigues, et ramper aux pieds de la faveur. Leurs propriétés, qui déjà absorbent une grande partie de cet État, s'accroîtront encore par des dédommagemens immenses, mais qui ne paraissant point complets, pourront toujours se renouveler. L'ancienne centralisation des terres ainsi rétablie, le peuple redeviendra prolétaire : voilà contre la Démocratie. Fortes du droit de la naissance, du pouvoir sacerdotal, de leurs richesses, ces Castes, maîtresses de toute l'administration, dirigeront le Gouvernement : voilà contre la Monarchie. Et l'Oligarchie aura sa restauration.

Espérons pour la France, pour la royauté, pour la civilisation universelle, que cette politique ne prévaudra pas. L'empire des préjugés a été ruiné par la raison, la morale a détrôné la superstition ; les attentats des Castes sont trop connus. Cependant la France dont les siècles racontent les malheurs, a recouvré à peine une constitution antique comme sa monarchie, et l'on agite une question immense, qui oblige d'interroger le passé accusateur.

Indemniser les Émigrés est un principe adopté par le Ministère. Il a écouté leurs regrets, sondé leurs malheurs et non ceux de l'État ; il va satisfaire leurs intérêts. Ce projet est l'œuvre de dix années de manœuvres secrètes ; enfin il fait explosion... Mais contraindre une nation de plus de trente millions d'individus à compter des indemnités à quelques milliers, est une entreprise inouïe, sans exemple dans les Républiques, et dans les Etats constitutionnels ou despotiques. Cette nation est donc bien coupable, puisqu'une semblable expiation lui est imposée ! A-t-elle été vaincue ? Quels ont été les services , quels sont donc les droits d'une si faible minorité ?

Non, la France n'a point été vaincue. Depuis des siècles, la Révolution était provoquée par le despotisme, par les déprédations de l'administration, par la rapacité de la Cour, par les priviléges et les usurpations des Castes. Etait-il possible que ce grand peuple , misérable, esclave si long-temps , rompît ses fers sans violence? Les résistances apportées à son affranchissement irritaient encore sa colère. Des émeutes et des insurrections n'attestent pas seules qu'il se livra à des excès. Mais Coblentz et Turin , le comtat d'Avignon , le Vivarais , le Poitou , Paris furent les principaux théâtres des intrigues et des fureurs d'un parti qui sema la division dans l'armée, la discorde dans les provinces. Désespéré de n'avoir pas encore la guerre civile, il court à l'étranger lui demander la guerre contre la France : les gardes nationales, brûlantes d'un patriotisme qui l'accuse, sont comparées par lui aux esclaves révoltés que Spartacus conduisait aux combats : quinze mille Français, ô douleur ! guident, accompagnent les troupes de la Prusse; cette armée ennemie menace les citoyens de la mort, de la confiscation de leurs biens , de la ruine de leurs villes; déjà plusieurs de nos provinces sont ravagées, sont condamnées à passer sous la domination allemande, lorsque Jemmapes commence une ère de victoires dont aucune autre nation ne peut s'honorer.

Les services de l'Émigration ! Elle n'oserait pas se montrer à notre génération telle que la virent nos pères, avouer les passions qui l'animaient , justifier ses projets. Ce fut Pilnitz qui décida de la chute du trône. Il serait injuste de dire que la hache de la Terreur fut aiguisée sur les bords du Rhin et dans la Vendée; mais l'histoire attestera que sans la fuite spontanée et menaçante de ceux qui se vantaient de composer les premiers Ordres de l'État, la démocratie n'aurait pu produire la Terreur, que

la guerre civile et même la guerre avec l'étranger n'auraient pas inondé de sang le sol de la France, qui, devenue libre, déclara aussitôt la paix à tous les peuples. Et
les gouvernemens directorial et consulaire ont prouvé que
des factions ennemies peuvent, dans une république, abjurer leurs haines et se réconcilier.

Louis XVI, seize mois avant de composer son testament, son hymne de mort, écrivit au prince de *** : « En
» vain j'ai témoigné combien tous ces rassemblemens en
» armes sur les bords du Rhin étaient contraires à la saine
» politique, à l'intérêt des Français exilés et à ma propre
» cause : on veut toujours nous menacer de l'étranger....
» Cette conduite me pénètre de douleur. C'est perpétuer
» les haines... Dès l'instant que les hostilités auront com-
» mencé, vous pouvez être assuré que le retour en France
» est impossible : l'Emigration sera un crime d'état... Ces
» rassemblemens d'Emigrés qui jamais n'auront mon
» approbation, centuplent les forces de mes ennemis ;
» ceux-ci me croient toujours l'âme de vos préparatifs...
» S'il me faut descendre du trône, monter sur l'échafaud
» où Charles Ier fut immolé, me voilà prêt ; mais *point*
» *de guerre*, *point de guerre* ! Cependant le bruit de vos
» préparatifs se fait entendre... Vous, prince, que les
» Emigrés regardent comme leur père et leur chef, op-
» posez, je vous en conjure, opposez ma volonté, mes
» avis, mes prières mêmes aux projets insensés des Fran-
» çais réunis près de vous. » (15 août 1791.)

C'est sous l'égide sacrée du malheur, c'est en France,
au milieu de la nation la plus généreuse que l'Emigration
est revenue. Tous s'affligent encore de ses infortunes, tous
admirent le dévouement de quelques *centaines* de ses
membres, qui, sans craindre un avenir terrible, firent
à leur opinion le sacrifice de leur fortune, même de leur
patrie. Plût à Dieu que ces Emigrés, si peu nombreux,
eussent été les seules victimes de notre révolution ! le

jour de leur retour eût vu la fin de tous leurs maux. Mais nous avons tous subi les effets désastreux de l'Emigration, funeste à elle-même et à l'ennemi qui la reçut à sa solde. Il répugne de l'accuser d'être cause de nos malheurs; c'est trop d'avoir à regretter les chances heureuses que son retour offrait au Roi et à la patrie qui la rappelaient. Par-delà cette révolution vécurent trente générations qui ne se transmirent que des fers; et nous, leurs descendans, nous aurions à compter des indemnités sur les débris de leurs chaînes! Il existerait aussi un privilége de l'infortune! Et ceux de qui l'Emigration exige ces indemnités sont les Français restés sur le sol de la patrie, les conservateurs de nos mœurs, de notre esprit national, les gardiens de nos arts et de notre industrie; les Français qui ont été ruinés par le papier-monnaie, le *Maximum*, les décevantes liquidations, que la guerre civile et le règne de la terreur ont décimés; les Français privés de leurs enfans, de leurs frères, de leurs pères jetés par le génie des conquêtes sous des climats lointains et mortels, et qui ont subi ensuite les ravages de deux invasions. Est-ce que 1790 serait une hégire, et Coblentz la Mecque?

Le banni qui, d'un rivage bordé de rochers, aperçoit un vaisseau jouet de la tempête, ne se croit pas le plus malheureux des hommes. A la manière dont les Français restés dans l'intérieur et les Français émigrés ont réparé leurs pertes, on peut juger pour qui elles furent les plus accablantes. L'ex-seigneur, aujourd'hui habitant un château moderne et somptueux, étale les ruines de celui de ses pères, qui tomba dans la Révolution; mais le manufacturier peut montrer ses ateliers déserts depuis le *Maximum*, le laboureur les ravages de la Chouannerie, et le colon de Saint-Domingue n'a pas même des cendres de ses habitations (1). L'Émigré énumère ses anciennes pensions

(1) Les malheurs et le dévouement des Vendéens font oublier que les

et les confiscations qu'il a subies ; mais il dédaigna la voix de la patrie ; qui l'avertissait des peines dont sa désobéissance serait châtiée ; tandis que le rentier, le propriétaire d'office, qui ne portèrent pas les armes contre leur pays, ont tout perdu. Le Noble cite les noms de ses parens et de ses amis tués sur l'échafaud : que son orgueil ait insulté, par le titre de *communs*, aux roturiers entraînés dans une cause qui n'était que celle des Castes, peut-être ce Noble ne prétend-il plus exhumer des ossemens privilégiés du fond des catacombes, qui ont reçu bien plus de plébéiens que de praticiens ; mais le bourgeois, frappé tant de fois dans les siens, cache ses douleurs, et il se console par les bienfaits d'une révolution qui, seule, a pu rendre à tout citoyen ses droits et la dignité de l'homme.

Pourquoi contraint-on de remuer tant de malheurs ? La France commençait à jouir de l'union et de l'oubli, quand est lancé un projet d'indemnités qui ne peut récompenser sans punir, soulager sans irriter d'autres douleurs et rallumer les haines. S'il ne paraît point au milieu des éclairs, peut-il conjurer un tonnerre lointain ? Déjà bien des nuages l'obscurcissent ; mille difficultés l'environnent, et la discussion va amonceler les obstacles. On l'annonce comme un acte de pacification, et il attaque les

---

causes de la guerre civile furent, outre les décrets de la Convention, les préjugés des paysans de l'Ouest : ils croyaient que l'abolition du privilège et de la dîme était un crime et un sacrilége. Une guerre atroce a signalé les derniers momens de la féodalité. Mais la Chouannerie qui déso la les départemens du littoral de la Manche et le Midi, eut pour objet principal le brigandage. Avant et même après le 18 fructidor, des bandes de *chauffeurs*, organisées dans les villes par des ci-devants, firent dans les campagnes et sur les routes des *exécutions*. Encore en 1808 et 1809 la chouannerie se ranima : l'expédition de Russie lui fit concevoir des espérances : elle a paru dans le Gard en 1815. Les *avanies* qu'elle faisait aux acquéreurs, aux prêtres assermentés et aux patriotes, étaient l'incendie, le vol, les tortures, le meurtre.

intérêts de tout un peuple pour satisfaire des intérêts individuels : il recèle dans ses articles isolés, combinés, une épidémie de procès : c'est un traité d'amnistie, mais avec condamnation à l'amende d'un milliard. Le présent, même l'avenir, réprouvent ce projet, et il est condamné par l'histoire.

En effet, le passé était chargé depuis des siècles de la liquidation des indemnités qu'on exige. Avant nos discordes civiles, les trois ordres de l'Etat, nous dit-on, formaient une société paisible : ils devaient donc être soumis du moins aux règles du contrat social défini : *societas est contractus juris gentium nominatus*. A présent, la Nation et l'Emigration, trop long-temps divisées, se portent héritières de la Révolution. Quelle succession leur est échue ! L'une en conteste tous les bénéfices pour faire prévaloir ses pertes : l'autre démontre que celle-ci, délivrée de ses dettes, compte comme pertes des priviléges dont elle s'était injustement dotée ; qu'elle doit s'imputer à elle seule ses autres pertes ; et que, toujours la plus riche, elle recueille, par les fonctions salariées, d'énormes dédommagemens qui s'accroissent chaque jour. La première étale les titres de ses propriétés confisquées, la seconde, forte de l'histoire et des réclamations de tant de générations opprimées, spoliées, prouve qu'une portion de ces titres est elle-même souillée de la confiscation, qu'une autre portion provient de la déprédation et de la faveur ; et aux plaintes emphatiques de son adversaire elle oppose des malheurs réels et qui se transmettent. Certes, dans ce débat immense, la partie la plus forte serait trop fondée à se faire rendre des sommes énormes qu'elle a payées à l'autre sans les lui devoir ; mais, toujours généreuse, elle propose la compensation qu'elle pourrait exiger. L'Emigration, par son refus, prouverait qu'elle persiste dans ce principe de la féodalité : que le vassal n'était pas en droit d'opposer la compensation à son seigneur, parce que ; outre les redevances , il y avait le *devoir* qu'on rendait en les acquittant (1).

Tous les titres des droits et des créances de la Nation sont fournis par nos annales et par les chartriers des Castes. Que racontent les âges de la féodalité? sinon des usurpations continuelles , les attentats des Grands; sans respect pour l'humanité , ils tenaient la royauté asservie. On voit naître , s'accroître des fiefs immenses dont les démembremens sont des comtés , des seigneuries. Dans les temps postérieurs , si la tyrannie des grands opprime moins le peuple , ils s'enrichissent constamment de ses dépouilles , et , factieux , ils conspirent pour se maintenir puissans. Mais sans remonter à des époques éloignées , il suffit bien d'interroger le xviiie siècle. Il nous dira comment la cour de Louis XIV vieillissant ne cessa de se gorger des richesses de l'État; combien elle exploita les persécutions religieuses ; de quelles sources impures jaillirent des fortunes perdues depuis; quels services gagnèrent des pensions énormes que payait le peuple misérable; il nous montrera ce qu'était la Noblesse, surtout quels profits elle retirait de ses priviléges; profits tels que , dans un espace de soixante-dix ans , ils indemniseraient intégralement de la perte de toute propriété. Et c'était depuis l'origine des priviléges que ces profits s'amoncelaient dans les fortunes nobiliaires.

Cet ouvrage remontera souvent au commencement du xviiie siècle. Ainsi placé comme sur les confins de ce siècle et de celui qui l'a précédé, on apercevra ce que

---

(1) L'*Indemnité* est d'origine féodale. Impérieuse , elle exige la réparation rigoureuse d'une perte; elle se croit un droit, et refuse de rien recevoir , comme le *dédommagement* , de la bienveillance et de la pitié. Elle pesait sur les corps main-mortables et profitait aux seigneurs. Demandée à présent pour une autre cause , le peuple qui serait contraint de la payer à perpétuité aux Émigrés , n'aurait pas même le répit de l'homme vivant et *mourant* , qui composait une des servitudes féodales.

furent les âges antérieurs ; et redescendant ce même siècle , on reviendra aux époques de la Révolution et de la
Restauration. Le terrain de l'indemnité , ainsi agrandi ,
devient immense ; nous nous proposons seulement de le
jalonner. Cette cause , qui doit devenir historique , abonde
en moyens irréfragables en faveur de la Nation ; elle ne
peut être restreinte à quelques années orageuses ; la puissance d'une discussion éloquente des principes ne suffit
pas ; pour être bien comprise , bien jugée par tous , elle
veut encore des preuves, des faits. Ce sont aussi des faits
que nous rapporterons. Il sont nombreux, de toutes les
espèces : on en a omis beaucoup d'autres plus ou moins
connus. Tous sont historiques ; ils sont tirés des Mémoires , des Correspondances , des Journaux et autres
écrits du xviiie siècle : le respect pour les mœurs a in-
terdit de profiter des preuves les plus convaincantes.

Le Ministère devrait produire la liste des prétendans à
l'indemnité ; mais il connait les mystères des *livres rou-
ges* , les ressources de nouveaux *acquis du comptant.*
Comparant cette liste avec celle de l'Emigration , on verrait que le projet des Indemnités n'est pas conçu au profit
de ces fossoyeurs et valets de moulin qui figurent au
nombre des Émigrés ; la Nation saurait trop bien que les
plus forts indemnisés seraient les déscendans des Grands
de la féodalité et des Favoris des cours. Nous avons es-
sayé de suppléer en partie à ces liştes , en regrettant souvent d'être dans l'obligation de citer des noms qui ne furent
pas sans gloire ; mais des preuves de ce genre , si elles
ne sont appuyées de noms propres , ne peuvent pas être
contestées. Loin de nous l'intention de chercher à offenser
des familles que le malheur, eût-il été mérité , a rendues
respectables. Il faut plaindre ceux qui, manquant aux devoirs envers la société , envers le prince , ont contraint
l'histoire de garder d'autres souvenirs que ceux de leur
illustration.

CHAPITRE PREMIER.

De la Compétence des deux Chambres.

L'INDEMNITÉ de l'Emigration promet une abondante
curée aux gens d'affaires; au Clergé, des récompenses de
ses efforts et des gages de ses dotations futures; à l'Aristocratie, des richesses nouvelles et la puissance. Au-dessus
de ces intérêts, qui ne se déguisent plus, s'élèvent l'intérêt public, qui invoque la Charte; la justice, qui est la
première dette du trône; la patrie, qui réclame ses droits et
son honneur. L'argent n'est plus l'objet essentiel: la gloire
industrielle, la gloire militaire sont mises en cause : c'est
un procès tout national.

Mais quelle est la position respective des parties? L'E-
migration, à défaut du droit, de l'opinion publique, a le
pouvoir et elle accuse. Pour préparer le succès, on a
poussé un *hourra*; tous les postes de l'administration
ont été enlevés; le butin, immense, a irrité la cupidité,
encouragé l'audace. Les porte-feuilles ont été atteints; le
Clergé en a saisi un pour se reconstituer corps principal
dans l'Etat. Les Emigrés amnistiés et d'autres espèces d'*associés dormans* (*spleeping partners*), ont jeté un dé-
volu chacun sur un emploi, sur plusieurs emplois. Les
fonctions publiques sont devenues des bénéfices; la délation s'est acharnée sur la probité, l'impéritie a pour-
suivi le talent, l'intrigue a conquis les récompenses des
services. Ceux qui s'étaient dispersés en Europe et par-
delà, ont marché en rangs serrés sous les bannières du
Jésuitisme; et occupant les sommités de l'Etat, ils ont

comprimé les libertés qui naissaient à peine de la Charte (1).

Devant quel tribunal la Nation sera-t-elle traduite? L'Europe assistera aux débats de ce procès qu'attend déjà l'histoire. Est-ce un grand Jury qui va le juger? Il est de l'essence de tout jury d'être indépendant, choisi librement, sujet à des récusations, exempt de tout intérêt. Mais si le Ministère a privé l'une des parties contendantes de ses moyens de défense, et l'a livrée avec lui-même au pouvoir de l'autre; s'il a commandé violemment, a enlevé par supercherie l'élection du jury; si les jurés sont liés par la parenté, par la même opinion politique avec cette partie déjà si puissante; bien plus, s'ils ont un intérêt direct, tout personnel dans l'affaire, sans que la récusation soit possible contre eux; enfin si, étrangers à l'Indemnité, d'autres jurés, selon que leur avis sera contraire ou favorable, ont à craindre des disgrâces ou à espérer des honneurs et des richesses pour eux et pour leurs familles, un semblable tribunal pourra-t-il s'appeler même une *Commission?* L'adoption du projet des Indemnités ne serait pas douteuse; elle vaudrait de l'argent, beaucoup d'argent, à un grand nombre de ces jurés dont les bulletins se transformeraient dans l'urne en de forts coupons de rente; aux *politiques*, tous les droits à la reconnaissance et du Ministère présent et des Ministères futurs; à tous enfin l'assurance de leur réélection pour d'autres affaires.

La partie qui aurait succombé dans cette instance, traduite devant un jury supérieur, ne pourrait se promettre

---

(1) L'auteur des *Lettres provinciales* a indiqué l'art de composer des majorités : « Nous ferons venir (en Sorbonne) tant de Cordeliers, tant de Cordeliers, que nous l'emporterons ; parce que (dit le père) il est plus aisé de trouver des Cordeliers que des raisons. » Les Cordeliers de Pascal n'étaient pas même des *politiques* tels que la scolastique a défini, ceux-ci : *Politicus est animal rationabile, bipes, una serviens a Deo, ut non offendat Diabolum.*

de succès qu'autant que les membres de ce jury n'appar-
tiendraient point, par leur institution même, à son adversaire, qu'autant que la majorité n'aurait pas aussi à
prononcer sur ses intérêts propres. Pour que ce jury fût
plus indépendant, il faudrait qu'il fût protégé contre le
Ministère par l'esprit de corps : et de combien d'erreurs,
d'intérêts secrets cet esprit n'est-il pas la cause !

Mais ce n'est pas de jury qu'il s'agit. Les Chambres lé-
gislatives vont être saisies du projet des Indemnités. Ils
sont heureusement loin de nous ces temps horribles où
une sorte de patriotisme frénétique, luttant contre l'Europe armée, accomplit le projet parricide de s'indemniser
du sang versé sur les frontières, par le sang de royales victimes. Terribles et rapides comme la tempête, ces crimes
furent consommés presqu'aussitôt que conçus. Un oubli
franchement patriotique devrait recouvrir à jamais cette
époque déplorable ; l'apparence même d'un parallèle
exige le rejet d'un projet qui semblerait ne promettre au
peuple la sécurité qu'au prix de son argent, qui lui ferait
répéter ces mots d'une reine : *On nous punit de nos
malheurs.* Sans doute, les pairs et les députés, imposés
comme arbitres entre lui et l'Emigration, sont pénétrés
des difficultés de leur position : ils savent qu'ils doivent
prononcer sur leur honneur et leur conscience ; mais
pourraient-ils tous ne pas s'exposer, au moins devant les
hommes, à ce reproche terrible : *ils ont été juges et parties ?* Quel Français ne souhaiterait pas de pouvoir effa-
cer, au prix de ce qu'il a de plus cher, ces pages affreuses
qui rediront à jamais que la majorité de la Convention fut
un jour *juge et partie ?*

L'honneur ne meurt pas en France, car il n'a pu être
tué en 1824. L'Europe connaît trop les iniquités des élections de cette triste époque ; la corruption elle-même s'est
étonnée de ses succès ; elle n'ose avouer ni les embuches
tendues à la bonne foi et à la cupidité, ni les machina-

tions du saint office électoral. Recevrait-elle le prix de ces manœuvres ? C'est trop déjà que l'accusation subsiste, et qu'elle n'ait pu être contestée. Que la postérité ne puisse pas dire que les droits de la Nation et son argent ont été confisqués au profit de l'Aristocratie!

L'Émigration est en majorité, domine dans les deux Chambres. Les dignités et les richesses eurent aussi des charmes pour l'aristocratie du vieux temps ; mais souvent elle préféra à ses intérêts sa conscience. Ses descendans ne répudieront pas le plus bel héritage qu'ils tiennent de leurs aïeux : abaissés par la révolution, s'ils espéraient, dociles à la cupidité, parvenir à la fortune, sûrement ils dévieraient de l'honneur ; et le temple de l'Immortalité est ouvert pour la honte autant que pour la gloire (1).

Une probité flexible ne peut pas comprendre le système de l'Indemnité ; une conscience qui a capitulé est indigne de le juger. Ce n'est pas un de ces projets auxquels une majorité purement numérique donne une espèce de sanction : il touche à toutes les fortunes, irrite toutes les douleurs et blesse tous les droits du peuple : il ne ressemble ni à un projet de finance ni à un projet de conscription, car il a pour objet le Privilége et une Caste. Tel Émigré peut gagner sur les indemnités un million, sans que sa part contributive soit plus forte que celle de son laquais. L'Émigration repous-

---

(1) Certes, le réglement des Députés, adopté dans un temps où l'Indemnité n'existait pas, n'avait pas prévu qu'elle osât paraître au grand jour, encore moins qu'elle pût avoir pour juges ceux qui doivent jouir de ses faveurs. C'est cependant, armé de ce réglement, que M. le Président a repoussé de la tribune M. Girardin, qui proposait la question préjudicielle de la compétence. Suivant une statistique publiée par M. Girardin, la Chambre des Députés possède 320 anciens privilégiés, parmi lesquels 184 sont titrés (2 princes, 1 duc, 36 marquis, 78 comtes, 23 vicomtes, 30 barons et 14 chevaliers), et au moins 260 fonctionnaires publics, parmi lesquels 20 ont été nommés depuis la dernière session.

tait naguères une indemnité arrachée au revenu des rentiers de l'Etat; la prendra-t-elle à présent et sur ce revenu et sur la substance de vingt millions de prolétaires?

Si ce projet était juste, il ne fallait pas préparer son succès par toutes les déceptions; s'il était constitutionnel, pourquoi avoir attendu l'établissement de la septennalité? Le Gouvernement essaierait-il de proposer les indemnités à une Assemblée législative composée presque intégralement de Représentans choisis dans le peuple agricole et industriel? Non, certes : car il ne l'a pas tenté même sous l'empire de la précédente loi des élections. Il épargna ainsi à l'Opposition constitutionnelle la tâche si douloureuse de défendre l'honneur et les intérêts de toute la Nation, contre les prétentions de quelques myriades de Français. Qu'il rende à cette nation les libertés acquises à tant de droits et par tant de sacrifices; et, fort de la Charte, il dirait avec son auteur, à la portion infiniment petite de l'Émigration encore souffrante et méritante : *il n'appartient qu'au Souverain de venir à votre secours.*

Depuis ces paroles de Louis XVIII, l'Émigration dit, répéta que *la fidélité malheureuse ne demandait rien.* Cette prétendue générosité s'est aussi évanouie. A présent la fidélité elle-même conteste la compétence des deux Chambres. « Le pouvoir législatif, dit-elle, n'a pas la puissance de transiger sur la propriété, et d'aliéner les droits imprescriptibles des Émigrés sur leurs biens. En ne rendant point aux victimes de la Révolution ce qui leur a été enlevé, on ne réparera rien. Il n'existe qu'un seul moyen d'être juste; c'est de restituer les biens, sauf à indemniser les acquéreurs : autrement on ne fermera pas les dernières plaies faites par l'anarchie. » Cette prétention ne peut surprendre de la part de ceux qui, n'ayant rien appris, n'ayant rien oublié, s'écrieraient à leur tour : *périsse la France plutôt qu'un principe!* Cette tactique en demandant tout, plus que l'État n'a de ri-

chesses, a pour but d'en emporter beaucoup. Si le pouvoir
législatif se reconnaît compétent pour *restituer* ce qui a
été *enlevé*, il n'est plus que pouvoir judiciaire.

Quel spectacle présenterait une assemblée législative
qui se jeterait sur une portion, et sur une portion très-
considérable de la fortune publique et de la fortune particulière, pour se la partager! Jamais l'anarchie n'aurait
été plus funeste. Les *commandemens* de la Constitution
seraient transgressés : on verrait des législateurs s'affran-
chir des règles du droit, ne pas délibérer sur les intérêts
généraux, mais plaider pour leurs intérêts personnels,
imposer à la loi des dispositions, stipulant dans leur profit,
et par une connivence honteuse autant que coupable,
prononcer tour-à-tour en faveur les uns des autres. At-
tentat de lèze-nation, qui serait suivi d'outrage et de pro-
fanation, si ces législateurs, bravant toute responsabilité,
se vantaient de rendre la propriété inviolable quand leur
cupidité effrénée s'appliquerait à tourmenter les propriétaires, de restaurer la morale quand ils rallumeraient toutes
les haines, d'affermir la royauté quand les hommages
qu'ils lui porteraient seraient accompagnés de cris d'in-
dignation et de douleur poussés par tout un peuple.

Il n'en sera pas ainsi en France. Des motifs spécieux
auraient-ils fait adopter l'Indemnité par l'une des deux
Chambres, qu'éclairée sur son erreur par l'autre Chambre, elle ne voudrait pas que l'Europe, que l'Histoire
pussent dire : « La France, malheureuse par l'Émigration, puissante lorsqu'elle l'eut dispersée, ensuite acca-
blée de revers immenses, eut à supporter les ravages de
deux invasions qui ramenèrent dans son sein les restes de
cette Émigration que deux fois l'Autriche, deux fois l'Angleterre avaient prise à leur solde, et qui s'était incorporée
dans l'armée russe. La France fut contrainte encore de
payer une rançon énorme à des ennemis infidèles à leurs
promesses ; enfin elle fut à peine délivrée de leur occupa-

tion militaire qu'elle tomba sous l'occupation administrative des Émigrés. La plupart avaient réparé leur fortune ; agens et courtisans du gouvernement impérial, ils s'étaient même enrichis lorsque le trône légitime fut rétabli. Aussitôt ils prétendirent lui avoir été seuls fidèles ; cette fidélité, la France dut la leur solder : c'était encore une rançon. En vain leur opposa-t-on leurs propres sermens de soumission à l'amnistie, et la prescription, droit de nature pour les intérêts privés, droit de nature et de la plus sage politique pour les intérêts des peuples. Tous les Émigrés, même des collatéraux, même des donataires, des Cosaques époux de Françaises, demandent soudain des indemnités ; riches, ils exigent que les Français ruinés contribuent à accroître leurs biens ; pauvres, ils prétendent au privilége du malheur. Les emplois publics, largement payés, ne leur suffisaient plus ; pourtant ils en recevaient 70 millions : c'était le *quatorzième* du budjet, qui s'élevait à un milliard. Un système d'élection, établi dans l'intérêt exclusif de l'Émigration, la fit surgire en majorité à la Chambre des Députés. Alors elle s'adjugea une portion de la fortune et des ressources si exiguës de chaque Français : la Féodalité eut une espèce de restauration ; le laboureur fut puni d'avoir profité gratuitement de l'abolition des priviléges ; chaque chaumière fut grévée d'une rente, d'une redevance ou corvée pécuniaire, qui contribua ainsi à enrichir l'ancien seigneur. Et les descendans des Emigrés, secondés dans les Colléges électoraux par des Indemnisés devenus électeurs, se constituèrent en permanence dans la chambre élective. »

CHAPITRE II.

L'Indemnité condamnée par l'Histoire.

Au-dessus des trônes et des tribunes nationales s'élève un tribunal impartial mais sévère, qui juge les Partis et les Castes ; vengeur inflexible des droits et des malheurs des peuples, les arrêts qu'il rend retentissent dans tous les siècles. Long-temps le Despotisme contraignit l'Histoire de dissimuler ses attentats, la Superstition ses impostures, la Cour sa corruption : la vérité enfin a triomphé, l'Histoire est redevenue nationale. Heureux Louis XIV et Louis XV, heureux nos rois si elle avait pu admettre, pour la gloire de leurs règnes, la maxime consacrée par le Gouvernement constitutionnel : *le Roi ne peut mal faire*. Mais depuis dix ans que nous jouissons de ce régime, combien, hélas ! d'actes contraires à la foi jurée, combien de mesures réprouvées par la Constitution, l'Histoire n'a-t-elle pas déjà recueillis pour les dénoncer à la postérité ! Les Ministres que nous avons vus passer savaient pourtant, quand ils ont attenté aux libertés publiques, que le compte rendu par l'histoire de leur administration portera cette suscription vénérable : Règne de Louis XVIII.

Le monde n'a pas cessé d'être un théâtre immense où les faibles ont été écrasés par les forts. Les conquêtes furent pour les chefs des peuples ce qu'ont été les usurpations pour les Castes, les persécutions pour les Sectes, les proscriptions pour les Démocraties. L'Hindoustan, la Chine, l'Egypte, furent désolés par des révolutions politiques. La cupidité européenne, après avoir exterminé les populations du Nouveau-Monde, prétendit, par la traite des Nègres, confisquer les peuples de l'Afrique au profit de ses colonies. La mort fut la seule indemnité qu'obtinrent tant de Nations misérables ; et leurs descendans sont encore chargés de fers. La terre a été spoliée de ses trésors ; elle n'a reçu dans son sein que des cadavres et des ruines, et elle n'en est que plus bienfaisante.

Malheureusement pour sa gloire et pour sa puissance, la Grèce commit des proscriptions. Lorsque Thrasybule, le libérateur d'Athènes, eut fait rendre une loi de réconciliation, il fut sage et juste, et il ne forma pas des catégories des malheurs de ses concitoyens. Sparte vit rentrer dans ses murs des bannis que lui ramena Philopœmen, avec le roi légitime Agésipolis : ces hommes cruels se firent les satellites des vengeances de l'étranger ; ils prétendirent traiter leurs compatriotes comme des vaincus, et Plutarque qualifie cet acte de très-cruel et de très-injuste. Rome fut désolée par des proscriptions inouïes. La confiscation, frappant incessamment les principaux citoyens, n'est qu'un des faits remarquables parmi les attentats qui signalèrent la chute de la république. Quelles familles sollicitèrent des dédommagemens auprès de Marc-Aurèle, de Titus ? Mais les Antonins consolèrent, par une égale justice, les Romains d'avoir eu pour maîtres Caligula et Domitien. Jamais le mot *Indemnité* ne retentit dans Florence, à Venise, théâtres de tant de proscriptions ; ni dans l'Angleterre, si souvent désolée par les guerres civiles et les confiscations, depuis Guillaume le conquérant.

Admettre l'Indemnité comme privilége, c'est insulter à la justice ; comme droit, c'est prononcer le démembrement de la plupart des monarchies, spécialement du royaume de France. La confiscation, en affaiblissant la puissance des chefs de la Noblesse, fut salutaire à la royauté. Ces grands vassaux étaient des usurpateurs, et à

la fois des tyrans et des rebelles. Des débris de leurs possessions illégitimes se formèrent des fortunes qui, enri-
chies encore par la féodalité, ensuite par la dépravation,
ont été démembrées, mais non détruites, par notre Révolution. La famille de Levis s'est transmis des biens
provenus de l'extermination des Albigeois. Le père d'Ar-
lette, qui donna le jour au duc Guillaume, possédait des
terres confisquées. Les fastes de la Noblesse normande
sont souillés sans cesse par la confiscation ; on la voit sa-
per chaque comté, on la suit sur chaque terre, à Mortain,
au Neubourg, à Bellesme, à Alençon, à Mortemer, à
Evreux, à Breteuil, etc. C'est par la confiscation que le
prince Jean est surnommé *sans terre*.

Un prince français enlève, à main armée, le trésor
public, riche de dix-sept millions : une révolte éclate ;
ce prince promet le pardon et fait égorger les citoyens les
plus riches ; leurs biens sont confisqués ; enfin le Roi,
pour *peine civile*, livre toute la fortune des Parisiens à
l'avarice cruelle de ses oncles et de leurs créatures. C'est
assez désigner le règne de Charles VI. Vingt-six ans
après (1418), la faction du duc de Bourgogne massacre
quatre mille personnes ; les hommes les plus distingués
du royaume président froidement au carnage, et ils s'em-
parent des dépouilles de leurs victimes. Charles VII,
victorieux en 1436, n'oblige pas ces spoliateurs cruels
à la restitution ; on ne voit pas les enfans lui demander
la récompense de la fidélité de leurs pères que trois prélats venaient de faire jeter dans la Seine, parce qu'ils
avaient refusé de reconnaître pour souverain de la France
le roi d'Angleterre. Mais Charles proclame un oubli sincère et absolu ; il l'observe avec loyauté ; il ne prodigue
les ressources de l'État ni à ses courtisans, ni à ce Tan-
negui Duchatel, qui, sous ses yeux, a lâchement assas-
siné le duc de Bourgogne : les braves qui, durant quinze
ans, avaient défendu sa cause, auraient refusé de s'enri-

chir des dépouilles du peuple. Mais Jean de Brosses prit la terre de Monci, et Duguesclin, en 1472, fit donner à un gentilhomme breton les biens des Bonneval.

Les maux aussi de la Ligue furent généraux. Ce que la justice et la tolérance empêchèrent Henri IV d'entreprendre, des ministres osent conseiller à Charles X de l'exécuter : ils condamnent par l'Indemnité ce que nos pères admirèrent et bénirent, la sage politique du bon Roi qui rallia tous les Français. Les Protestans, qui l'avaient porté sur le trône par tous les sacrifices, ne lui demandèrent point d'argent, n'obtinrent rien : on sait à quel prix la Noblesse, rebelle et cupide, lui vendit sa soumission. Les partisans des Indemnités devraient tâcher de faire oublier que les Grands, décimés par le despotisme de Richelieu, tramèrent la guerre de la Fronde pour ressaisir leur crédit ; que, contraints de ramper à la cour de Louis XIV, ils eurent recours aux rapines et spéculèrent sur la dépravation des mœurs ; que la seule conspiration qui troubla le règne de Louis XV, eut pour fauteurs une partie des Nobles, qui, par cupidité, appelèrent l'Espagne à envahir le royaume.

L'Indemnité *politique* est inouïe en France, la confiscation touche au berceau même de notre monarchie. Périsse, dit M. Bignon, dont la tribune nationale regrettera long-temps l'éloquence, périsse quiconque n'a pas les lois de la confiscation en horreur. Mais ce n'est pas en France qu'on peut répéter avec Cicéron que, « grâces à la modération de nos pères, la confiscation ne fut point jointe à la condamnation. » Elle devint une loi sous le règne de Philippe-Auguste. La féodalité consacra comme un principe que la confiscation est un fruit de la haute justice, et à ce titre encore elle concourut à enrichir les seigneurs. Ils calculèrent même, par l'espérance de la *commise*, le bénéfice des délits ; et il suffit du désaveu pour que le suzerain confisquât les fiefs. La cou-

ronne se réserva les confiscations pour crimes de lèze-
majesté. François Ier dit, par son édit de 1539 : « Ordon-
nons que ceux qui auront aucune chose conspiré, ma-
chiné ou entrepris contre notre personne ou la *répu-
bliqué de notre royaume*, soient étroitement et rigou-
reusement punis, tant en leur personne qu'en leurs biens,
tellement que ce soit chose exemplaire à toujours, sans
que leurs héritiers, mâles ou femelles, parens en ligne
directe ou collatérale, ou autres personnes, puissent pré-
tendre aucun droit de succession, de substitution ou de
retour ès-dits biens. » Louis XI confisqua les biens du
connétable de Luxembourg, François Ier ceux du connétable de Bourbon, Henri IV ceux de Biron. Louis XIII
confisqua les biens de Conchini, de Cinq-Mars, de De-
thou, de Marillac. C'est parce que Mazarin appréhendait
que la confiscation ne reprît les 30 millions qu'il avait
volés à l'État, qu'il feignit à ses derniers momens d'en
faire une donation à Louis XIV ; mais la famille du cardinal a joui de toutes ses rapines.

Si un salaire fut la récompense des assassins obscurs de
Coligni, les courtisans de Charles IX s'enrichirent des
dépouilles des victimes de la Saint-Barthélemy. Jusqu'à
1789, la confiscation et le séquestre frappèrent, durant un
siècle, toutes les propriétés de plusieurs millions de Français, persécutés pour leurs opinions religieuses. Des biens
confisqués grossirent les fortunes des Letellier, des Beauvilliers, des Lamoignon ; et le duc de Luynes, qui ne
fit aucune restitution, édifia par sa piété, même Port-
Royal. Enfin, Louis XVI, après lui la République, pu-
nirent par la confiscation les Français qui combattaient
dans les rangs de leurs ennemis, et qui allumaient la guerre
civile. La session de 1815 dénonce les derniers partisans
qu'ait eus la confiscation.

Ainsi notre histoire rend à chacune de ses époques une
masse de faits qui accable le système de l'Indemnité. Mais

ses partisans traitent l'histoire comme la Société de Jésus faisait la morale. Avec des noms, des événemens ramassés dans des siècles différens que le talent rassemble par des rapprochemens ingénieux, on éblouit les lecteurs ; on leur vante les preux comme autant de Bayards ; on assigne pour séjour aux amours des créneaux ensanglantés ; la religion est dépouillée de ses pudiques vêtemens pour en couvrir des vices déhontés ; on fait de Grands qui ne furent que des Kans ou des Caciques, des modèles d'humanité et de politesse ; et ces romans sont reproduits partout et de toutes les manières. Combien, depuis dix ans, nos fastes législatifs ne se sont-ils pas grossis de citations et de faits faux ou inexacts !

CHAPITRE III.

Le Clergé indemnisé par lui-même.

« Il faut nous lancer, armés de toute la générosité, de toutes les forces de la Nation, dans un vaste système d'indemnité. » Ainsi s'exprima M. le maréchal Macdonald en développant sa fameuse proposition. Si l'on ne limitait pas ce système à l'époque de l'Émigration et de la Constitution civile du Clergé ; si ce grand élan de générosité s'étendait dans les siècles passés, seulement au commencement du dix-huitième siècle, le Tiers-Etat, c'est-à-dire la Nation, ne pourrait que faire reconnaître son droit à toutes les indemnités ; car ceux qui ont profité de sa misère, de ses travaux et de ses biens, se déclareraient insolvables : au lieu d'une restitution, d'une compensation, ce serait une faillite ; leur grand livre serait leur bilan.

Cependant, après l'Emigration, le Clergé va se présen

ter aux indemnités. La France est riche puisqu'elle paye un milliard d'impôts. On l'accuse d'être sans religion : pourtant le Clergé est honoré et généralement honorable. La chute de ses autels en a fait sentir davantage le besoin. Dans beaucoup de contrées, l'habitant qui jouit de l'aisance la plus réelle est le curé, et il doit craindre qu'en regrettant les richesses de l'ancien Clergé, il ne soit tenté de se dispenser de la charité jusqu'à ce qu'il redevienne bénéficier, décimateur. Mais des hommes d'État croient que, pour attacher les contribuables aux représentans des apôtres qui n'eurent pas où reposer la tête, chaque évêque doit être le personnage le plus riche de son diocèse. Il faut, disent-ils, que le Clergé soit propriétaire. Les prêtres d'Osiris, d'Apis, et autres dieux, ne possédèrent-ils pas le tiers de l'Égypte? Et comme notre territoire ne peut plus fournir de terres, le Clergé sera rentier de l'Etat. Ainsi la France, qui n'avait pas trouvé assez de ressources dans la vente des biens nationaux pour défendre son sol, et que la paix a privée si brusquement de ses riches conquêtes, ne peut pas recevoir d'indemnités, et elle sera contrainte d'en payer à tout le monde.

Bien plus, le gage de la dette nationale et du crédit public va, dit-on, leur être enlevé. Depuis huit mois la vente des bois de l'État est suspendue. On se souvient encore des éloges que des députés on faits de l'administration paternelle du Clergé. Un fait rapporté par Dangeau suffit pour réfuter ces éloges. « Le Roi a demandé au Clergé une *pistole* par arpent de bois qu'il avait fait couper contrairement aux ordonnances : cette espèce d'amende eût monté à une très-forte somme; mais l'archevêque de Paris s'est arrangé avec Pontchartrain : le Clergé en a été quitte pour *quatre millions* qu'il a payés au Roi (1693). » L'industrie et l'agriculture ne supporteraient pas une année les impôts dont elles sont accablées, si elles n'avaient pas établi le travail dans les palais de l'oisiveté, et demandé des récoltes abondantes à des champs négligés. Des couvens de femmes, incapables de faire valoir leurs biens, reçurent de Louis XV des dotations sur les loteries.

Dans la session de 1815, M. de Châteaubriant célébra le Clergé dont notre monarchie est, pour ainsi dire, l'ouvrage (1). A la tribune des députés parurent M. Castell-Bajac, pour proposer de faire jouir les donateurs de l'Église des anciens droits honorifiques, qui avaient établi jusque dans le sanctuaire la discorde et le ridicule; M. Roux-Laborie, suivant lequel c'est un crime égal aux crimes révolutionnaires que le retard de la vocation d'un seul prêtre; enfin M. de Puymaurin, qui s'écria : « Il faut restituer au Clergé puisqu'on l'a volé. » Certains journaux répétèrent, répètent sans cesse que cet ordre étant riche, est une seconde providence pour les peuples (2).

Mais un conseiller d'État, le comte de Boulainvilliers, écrivait en 1715 : « De ce grand nombre de prêtres et de monastères qui remplissent les villes, de ces évêques, abbés et gros bénéficiers qui s'indemnisent sur le bas étage du Clergé des taxes où ils se trouvent compris, presque rien ne se répand à la campagne. On n'y entend parler d'eux, quoiqu'elle les nourrisse, qu'à l'occasion des

_____

(1) Il est assez curieux de rapprocher la pensée d'un pape d'une pensée de Platon. Ce philosophe avait dit : Il n'est point d'esclave qui n'ait eu pour père un roi, et point de roi qui ne soit fils d'un esclave. On lit dans la lettre du fameux Grégoire VII à l'évêque de Metz, au sujet de la déposition de l'empereur Henri IV. « Les ducs, les rois tirent leur origine de quelques barbares que l'orgueil, la rapine, la perfidie, l'homicide, que tous les vices et tous les crimes, et le démon, premier prince du monde, ont élevés sur leurs pareils et investis d'une puissance aveugle.... Les apôtres, qui en peut douter, sont les pères et les maîtres des fidèles, des princes et des rois. » Et Sixte-Quint, jaloux d'Elisabeth, qui vient de faire décapiter Marie-Stuart, s'écrie : O heureuse femme, qui as goûté le plaisir de faire sauter une tête couronnée !

(2) *Voler* semble être une expression de *fund* pour l'éloquence de M. de Puymaurin. Il a répété ce mot avec une contrition édifiante même

procès qu'ils y suscitent, et rarement pour l'édification et la charité, puisque l'on ne saurait compter combien il meurt de pauvres paysans à la porte des plus riches bénéficiers sans secours spirituel ni temporel, faute d'une faible nourriture ou du plus simple remède. » Valentin Duval dit, au sujet de la famine de 1709: « Aucun auteur n'a raconté la dureté et la criminelle insensibilité des riches, les criantes et scandaleuses rapines des usuriers tant profanes que sacrés, qui, profitant du malheur public, firent augmenter la cherté des vivres en tenant leurs greniers fermés. » Il en fut de même durant la disette de 1725. Le dégel de 1726 ayant entraîné et brisé cent cinquante bateaux chargés de vins, d'huiles, etc., les moines de l'abbaye de Saint-Denis prétendirent garder, comme *épaves*, les marchandises qui furent repêchées sur leur territoire.

M. de Mac-Carthy, député, disait dans la même discussion (1815): « Depuis 1690 jusqu'en 1760, 379 millions étaient sortis des coffres du Clergé pour les besoins de l'Etat: » et les autres orateurs du côté droit s'écriaient : « Donnez au Clergé 80 millions de dotation : c'est dans ses mains, *le passé l'a prouvé*, une réserve, une ressource pour les temps de calamités. » Écoutons l'histoire. Les armées ennemies, en 1710, se précipitaient sur Paris ; sans le hasard ou le miracle de Denain, Louis-le-Grand aurait été détrôné. Le trésor était vide; le Clergé fit établir la capitation, projet que Pontchartrain, tout con-

---

pour les pénitens toulousains. Toutefois, M. le baron s'est fait un cas réservé. Devenu directeur de l'Hôtel des Médailles en 1815, il fit créer une place pour M. son fils, qui fut ainsi son contrôleur et son survivancier. En 1824, M. le baron s'est mis en retraite, et il a laissé à son fils, et la direction et l'immortalité, car les artistes, pour faire leur cour, gravent sur leurs médailles : *Puymaurin direxit*. Mais M. Puymaurin Ier jouit, pour 8 années de service, d'une pension de 8,000 fr. L'Hôtel ne porte pas ses recettes dans le budjet ; il lui a été facile, en haussant le prix des jetons pour mariage et naissance, de faire les fonds d'une pension qui suffirait pour récompenser légitimement 10, 15 officiers ou magistrats.

trôleur-général qu'il était, avait rejeté long-temps. Chaque
soldat fut taxé à vingt sous ; la classe des domestiques représenta, dans une requête, qu'ils étaient Français, et qu'à
ce titre ils ne devaient pas être exempts : le Clergé seul
ne paya pas cet impôt. Cependant la Sorbonne venait de
décider « que tous les biens des sujets sont au Roi, et qu'il
ne fait que reprendre ce qui lui appartient. » L'assemblée
du Clergé dit à Louis que, si le ciel ajoutait aux horreurs
de la famine tous les désastres de la guerre, c'est qu'il
voulait lui préparer la voie sûre de son salut. Quant aux
peuples, les mandemens et les pastorales leur annoncè-
rent que les maux cruels qui les poursuivaient étaient l'effet de la colère de Dieu irrité de leurs péchés. Les États
du Languedoc, quoiqu'asservis au corps épiscopal, offrirent d'abandonner au Roi l'administration de tous leurs
biens, pourvu qu'on leur en délivrât le *dixième* net. Le
Clergé vanta sa générosité, étonné qu'il était lui-même d'accorder un don gratuit de vingt-quatre millions, à condition
qu'il serait exempt, à perpétuité, du dixième et de la capitation établie depuis deux ans. L'année 1711 ne fut pas
moins calamiteuse : cet ordre s'arrangea pour ne payer
que huit millions (1).

Or, suivant l'état du Clergé, imprimé en 1710 avec privilége du Roi, le nombre des bénéfices de toutes sortes
était de trois cent vingt-cinq mille sept cent douze, et le
revenu annuel de cet ordre s'élevait à 312 millions (le
marc d'argent à 31 livres tournois, plus de 550 millions
de francs). Le Clergé ne pouvait pas mieux réfuter cette
évaluation de son revenu, peut-être un peu exagérée, qu'en

(1) Le Clergé disait au Roi : « Non contens de lever les mains au ciel,
nous avons distribué à David et à ses soldats les pains sacrés que l'ordre
de Dieu, la magnificence des princes et la piété des fidèles ont réservés aux
ministres du tabernacle... Lorsque l'Egypte fut contrainte de payer à
ses rois le cinquième de tous ses biens, ceux dont jouissaient les prêtres
conservèrent leur ancienne franchise. »

publiant l'état réel de ses biens. Il préféra dénoncer le livre au Ministère, qui, n'osant pas lui reprocher son avarice, laissa circuler quelques écrits de ce genre. Mais la Cour protégea le Clergé contre les traitans, qui avaient compté à Louis XIV plusieurs millions pour exercer, à leur profit, des recherches contre les usurpateurs de noblesse. Ces maltôtiers exigeaient que les curés à portion congrue prissent des armoiries, et prouvassent par le blason, sous peine de 3oo liv. d'amende, la légitimité des priviléges dont ils jouissaient. Le Roi déclara les curés les égaux des privilégiés nobles.

Des sermens de protection royale, de dévouement ecclésiastique furent échangés entre le Clergé et Louis XV, à la cérémonie du sacre (1722). Mais le droit de joyeux avénement fut rétabli, et l'Assemblée du Clergé discuta, adopta une *Précaution* contre cette taxe, qui ne l'atteiguit pas, et qui retomba plus pesante sur les Juifs. Lorsque cette assemblée vit, en 1725, qu'elle n'échapperait pas à l'impôt du cinquantième, plusieurs évêques, indifférens à la misère publique, écrivirent à Rome pour prier sa Béatitude de demander l'exemption de l'impôt en faveur du Clergé français. Le journal de Villars ajoute : On traita seulement d'imprudent cet acte de révolte, dans le conseil du Roi.

En 1749, la guerre qui venait de finir avait augmenté la dette publique d'un capital de 1,200 millions. Le Gouvernement demanda au Clergé la déclaration de ses biens. Le prélat chargé de présenter au Roi ses remontrances, dit : « Ne craindrait-on pas, Sire, d'affaiblir le respect dû à la religion, si l'on voyait aujourd'hui les ministres de l'Église, pour la première fois, avilis et réduits à la condition de vos autres sujets? » Les ducs, les ministres, etc., remarque Sainte-Foix, déclaraient au moins leurs biens, quoiqu'ils n'en payassent pas de contributions. C'est que le Clergé pratiquait ce pré-

3

cepte des Jésuites : « Des sujets peuvent refuser de payer les impôts de l'Etat, quoiqu'ils soient justes, lorsqu'ils ne les trouvent pas raisonnables. » En effet, lorsque Machault eut résolu, en 1757, de faire contribuer tous les citoyens aux charges de l'État, le Clergé s'en défendit par ses priviléges. L'évêque de Marseille dit au Ministre : « Ne me mettez pas dans la nécessité d'obéir à Dieu ou au Roi; vous savez lequel des deux aurait la préférence. » Le Clergé continua d'octroyer de dérisoires dons gratuits; mais il compromit la religion, et il ne contribua réellement qu'à notre révolution.

Cet ordre avait l'esprit des affaires et un zéle infatigable à suggérer des projets d'impôts dont il prétendait ensuite être exempt. Il donna l'idée d'une taxe sèche de dix-sept millions, à condition qu'il n'en paierait rien. Ainsi, sous prétexte de rétablir la marine, La Roche-Aymon, archevêque de Narbonne et maître par sa place des Etats du Languedoc, s'avise d'offrir un vaisseau : les Etats n'osent le contredire; les autres provinces et les différens corps sont obligés de suivre cet exemple, sous peine de passer pour mal affectionnés. Le prélat, un des plus bornés, ajoute Duclos, est fait à l'instant premier duc et pair ecclésiastique. Il obtint ensuite le chapeau de cardinal. Une estampe le représenta poignardant la province de Languedoc et rougissant sa calotte dans le sang de cette malheureuse province.

Le Tiers-Etat, de 1690 à 1760, ne cessa, par tous les impôts divers, de verser au trésor le quart, le tiers, même la moitié de ses revenus. Le Clergé, par ses dons *gratuits et charitatifs,* contribua, pour un et trois quarts par cent, aux charges publiques. Durant cette période de soixante-dix ans, la masse de ses impôts aurait dû s'élever proportionnellement, au moins à 7 milliards de livres tournois. M. Mac-Carthy le louait d'avoir payé 379 millions : c'était à peine le *dix-neuvième* de ce qu'il devait à l'Etat. Si ce député n'eût pas voulu s'arrêter à 1690, il eût vu dans les propres Mémoires du Clergé que, pendant les 47 premières années du règne de Louis XIV, les dons gratuits avaient produit seulement 24,400,000 liv. Cet ordre, de 1690 à 1700, vota mais ne paya pas entièrement 59 millions de secours extraordinaires. Ainsi dans cette période de 57 ans, il versa dans le trésor de l'Etat 85 millions, et la masse de ses revenus se monta, durant le même temps, à près de 17 milliards. Cependant souvent il forçait ses créanciers de subir des réductions sur l'intérêt de ses emprunts : une de ces opérations honteuses, que l'on qualifierait à présent de banqueroute, lui rapporta seulement 66,000 liv. , et il se réjouit de ce bénéfice.

Le Clergé, qui se disait usufruitier, avait donc reçu *plusieurs fois* par ses exemptions, le capital de ses biens : il s'est donc indemnisé à l'avance de leur perte. C'était un détenteur qui manquait à ses obligations ; un débiteur très-solvable, mais qui, provoquant, par ses exceptions dilatoires, la vérification de ses titres, parfois un peu suspects, s'exposait à être enfin exproprié. Un don gratuit de 1,800,000 fr. était tout ce que le Clergé accordait au Roi, lorsque le cardinal de Loménie répondit à l'agent général (M. l'abbé de Montesquiou) : «Puisque le Clergé et la Noblesse se séparent du Roi, qui est leur protecteur naturel, il faut qu'il se jette dans les bras des Communes, pour les écraser tous deux par elles. » Le Clergé s'est relevé : l'ordonnance du 25 août 1817 lui a donné la préséance sur les princes, les ducs, sur tous les Pairs de France.

CHAPITRE IV.

Des Protestans et des Emigrés.

Les proscriptions sont passagères, les persécutions sont durables ; le fanatisme religieux tue pour leur croyance ceux qu'il a déjà dépouillés de leurs droits et de leurs biens : l'esprit des Castes est inflexible comme le despotisme ; les révolutions populaires sont bientôt calmées par des amnisties. Le droit civil autorise l'Etat à opposer les mêmes prescriptions que les particuliers. Trente trois années se sont écoulées depuis 1792. Si ce moyen de droit n'est pas employé, la justice est immuable ; elle ne peut admettre des indemnités pour une époque, sans vouloir réparer les pertes que la confiscation a causées dans des temps plus ou moins éloignés ; et cinq ans avant de frapper l'Emigration armée, la confiscation privait encore les Protestans de leurs proriétés.

La Convention, dont la majorité tua Louis XVI, emprunta à Louis XIV son régime de la terreur. « Lisez les lois rendues contre les Protestans, vous y trouverez la plupart des principes dont nos anarchiques tyrans firent ensuite à la France une exécrable application. » (Rapport de M. Pastoret, 1796.) Les Protestans furent livrés à des troupes de missionnaires et à des hordes de dragons. Feindre de se convertir est le seul moyen d'échapper au pillage et aux supplices : on compte déjà deux millions de convertis quand de nouveaux édits prononcent la confiscation de *corps* et de *biens*, les galères contre les émigrans, l'amende de 3,000 liv. contre ceux qui favorisent l'émigration. Louis XIV déclare les Religionnaires fugitifs et

toute leur postérité déchue de la qualité de Français. La
décision des jurisconsultes et des ministres est unanime :
émigrer c'est commettre le crime de lèze-nation. L'Inqui-
sition et la Ligue avaient permis l'émigration aux Maures
et aux Huguenots : leur conscience était restée libre ; ils
avaient décidé eux-mêmes de leur sort. Les Protestans,
au contraire, sont dévoués à une hypocrisie perpétuelle
entre le sacrilége, le parjure et la mort ; aux frontières,
les soldats les repoussent dans l'intérieur, où ils sont
jetés dans les bagnes. L'arrestation d'un Protestant mérite
au soldat une gratification de quatre pistoles, et le délateur qui livre un pasteur reçoit 5,500 liv. Tout ministre
rentré en France est puni de mort ; la mort aussi frappe
le Protestant surpris dans une assemblée de religion ; ceux
qui échappent aux sabres des dragons sont livrés aux Catholiques, dont les Missionnaires excitent les fureurs.
Dans les châteaux, dans les villes on s'étudia, disent les
Mémoires, à trouver des tourmens qui fissent éprouver
aux Religionnaires tout ce que le corps humain peut en-
durer sans cesser d'être.

Près d'un siècle avant la terreur de 93, des échafauds
avaient été en permanence à Nîmes, à Alais, à Saint-Hip-
polyte. Plus de dix mille victimes, suivant Boulainvilliers,
y devinrent la proie des flammes, des roues et des gibets.
Ainsi Louis XIV aurait immolé à l'intolérance ultramon-
taine, la moitié du nombre des Chrétiens martyrisés par
les empereurs romains. Les Missionnaires n'étaient pas
désintéressés ; et le Clergé prodiguait l'argent pour ali-
menter la persécution. Quelques-unes de ses lettres, dit
Rulhières, font frémir. L'Assemblée du Clergé de 1700
salua Louis XIV du titre de destructeur du schisme et de
l'hérésie. « Il reste à Votre Majesté, pour remplir les
espérances de l'Église, votre mère, d'achever par votre
bonté ce que la *juste sévérité* de vos Édits a commencé. »
Le prévôt des marchands, modèle de ces ambitieux qui

loueraient dans des adresses même la peste, même les crimes du pouvoir, disait à son tour à cette Assemblée : Que l'affreuse hérésie avait été renversée par les soins apostoliques des prélats. Cependant, marchands et bénéficiers, tous éprouvaient les effets de la Révocation. Le Clergé ne cessait de répondre aux demandes des commissaires du Roi, qu'il avait épuisé toutes ses ressources pour les besoins de l'État. Le Père Lachaise accusait d'humanité les persécuteurs ; il ne voulait pour ses apôtres que des Jésuites, qui parlaient seulement pour ce monde d'amendes et de prisons, pour l'autre du diable. La Police exigea la révélation des confessions ; les missionnaires firent et des bourreaux et des espions de leurs soldats, qui abattaient ou brûlaient les maisons et les temples. Ainsi le féroce Louvois, le perfide Châteauneuf, le cruel Marsillac, l'implacable Basville formèrent des bandes dignes de précéder celles des Collot-d'Herbois, des Carrier : encore ces officiers de la guillotine voulaient-ils du sang, et non avec du sang des richesses et des honneurs. Le courtisan de Noailles, l'avide Berwick, l'orgueilleux Tessé, le rigide Boufflers et l'avare Montrevel n'écoutèrent que leur ambition ou leur cupidité. Une voix, celle de Vauban, s'éleva pour proposer une amnistie générale en faveur de tous les fugitifs et des captifs des bagnes ; mais Louis XIV était affilié à la société des Jésuites. L'édit atroce de 1686 pour faire le procès à la mémoire des *relaps* fut renouvelé alors que la mort allait livrer ce monarque à la postérité (1).

_____

(1) Le duc de Bourgogne, imbu aussi de la doctrine jésuitique, a laissé une espèce d'apologie de la Révocation. Rappeler les Huguenots, dit-il, ne serait-ce pas leur dire : vous nous êtes nécessaires, nous vous avons fait une injustice, nous vous en faisons excuse. Quel orgueil une telle démarche n'inspirerait-elle pas à de pareils sujets? Ce serait s'écarter de cette politique de fermeté qui fait le soutien des empires. » Si Napoléon avait suivi ces principes contre les nobles et les prêtres émigrés... où en seraient-ils ? . où serait-il ?

Cependant il avait écrit que les Protestans n'omettaient rien pour lui donner des preuves de leur fidélité, et la ligue d'Augsbourg la trouva incorruptible. Imbus de tous les préjugés, les Nobles chérissaient encore leur ignorance, lorsque l'amitié qui s'établit entre quelques savans des deux religions, présida à la fondation de l'Académie française, des Académies de Caen, de Nîmes, etc. Jusqu'en 1680, le plus grand nombre des emplois de finance avait été possédé par les Religionnaires ; ce fut après la *Révocation* que s'élevèrent les fortunes immenses des financiers dont La Bruyère a retracé si vivement les scandales. Sans crédit, opprimés, les Protestans n'enviaient pas à la Noblesse ses honneurs et son luxe insolent ; ils enrichissaient l'État et ils ne dévoraient pas la substance du peuple. Contraints de se dérober par la fuite aux supplices, la terre étrangère ne les vit pas invoquer les armées ennemies et préparer le démembrement du royaume ; les Gentilshommes protestans qui furent tués sur les frontières les défendaient et ne les livraient pas. Ceux pour qui, dans l'intérieur, il ne fut point d'autre salut que dans les armes, n'incendièrent pas les maisons des Catholiques, n'exigèrent point leurs trésors par tous les tourmens ; ils ne pillèrent pas les voitures publiques : ils cherchèrent un refuge dans les Cevennes ; et ces montagnes sur lesquelles, a-t-on dit en 1815, vingt-cinq mille Royalistes ont pu se tenir échelonnés jusqu'à la victoire de Marengo, reçurent les Religionnaires expirans sous le glaive de l'intolérance.

Par l'émigration des Nobles, les arts industriels perdirent quelques protecteurs et beaucoup de riches consommateurs ; par l'émigration des Protestans, le commerce fut anéanti. « Long-temps avant 1685, dit Segrais, les Catholiques et les Huguenots vivaient à Caen dans une grande intelligence. » Depuis la Révocation, c'est en vain que le génie industriel des habitans s'est efforcé d'y ra-

nimer le commerce déchu tout-à-coup de sa splendeur (1).
Un million de négocians, de manufacturiers, d'artistes
et d'ouvriers quittèrent la France · elle perdit dix mille
matelots, la force de sa marine. Quel hommage fut alors
rendu à l'industrie française! L'Angleterre, le Dane-
marck, la Hollande, la Suisse, le Brandebourg reçurent
avec joie les fugitifs, et s'enrichirent par cette hospitalité.

Désastreux effets du despotisme! Louis XIV se com-
plaît dans les adorations de sa cour; *cet auguste amant*
(expression de madame de Genlis) est l'esclave de ses
maîtresses; il ne rompt ces chaînes que pour subir l'empire
d'un confesseur cruel et d'une femme hypocrite, et sa dévotion est encore plus funeste à l'État que son libertinage.
Il est âgé seulement de quarante-sept ans. Il révoque
l'édit de Nantes : avec les Protestans s'expatrie cette
industrie dont la naissance a été si laborieuse, et que
le XVIIIᵉ siècle entier ne peut rendre à la France malheureuse. Sans cette émigration forcée, la Prusse restait un état obscur et misérable; Coblentz ne devenait pas
en 90 le rendez-vous des mécontens, en 92 la place d'armes
des Émigrés : Brunswick ne ravageait pas la Champagne,
et un régicide n'était pas commis. Ces hordes du Nord,
dont tant de ruines attestent encore les invasions, ne se
ruaient pas sur nos provinces florissantes depuis long-
temps, et délivrées de l'intolérance par la philosophie.
Que de douleurs épargnées à l'humanité, de catastrophes
aux trônes, de révolutions aux peuples! Point d'émigration des Nobles, et l'Indemnité ne dévorerait pas la fortune publique.

_____

(1) La ville de Caen, dont les octrois excessifs ne peuvent suffire à
remplir la caisse municipale, après avoir contribué à des souscriptions, à
des monumens, va relever la statue du prince dont le zèle persécuteur ruina
le commerce dans ses murs.

Mais le despotisme et la déception se perpétuent de règne en règne. Sous la Régence, des Religionnaires paisibles sont fusillés; des Émigrés rentrés sont de nouveau bannis; d'autres ne sortent des bagnes que pour être contraints de s'expatrier. Fidèle au serment qu'il a prêté à son sacre, Louis XV ranime la persécution; son ministre et la marquise de Prie, pour dissimuler leurs amours adultères, rétablissent les contraintes sacriléges et les superstitieuses épreuves. On condamne les hommes aux galères à perpétuité, les femmes à la détention à vie, après avoir été rasées; à la mort, ceux qui sont surpris avec des armes : la claie et la voirie sont le partage des mourans. Alors que la philosophie s'essaie à combattre l'intolérance, les Tribunaux, le Clergé, le Gouvernement se liguent, en 1744, pour exercer une persécution nouvelle. Aucune forme de procès n'est observée : on fusille ceux qui sont désarmés.

Trente années avant la terreur, la France était encore couverte d'échafauds. Peut-être Marat avait-il lu les écrits publiés en 1751 par Chabannes, évêque d'Agen, et par Monclus, évêque d'Alais. Un demi-siècle avant la naissance de Robespierre, l'évêque d'Arras écrivait : « Il faut employer la vengeance pour frapper les cœurs... La persécution s'est établie par l'autorité des Papes et des Conciles, aussitôt que les Papes et les Conciles ont eu le crédit de persuader les Princes. » Jamais les assemblées du Clergé ne se séparaient sans adresser au Roi des remontrances, pour lui demander plus de sévérité dans l'exécution des lois pénales. Lenfant, jésuite et prédicateur du Roi, osait conseiller, en 1788, l'exil des Protestans. Heureusement pour la gloire de Louis XVI, il préféra les conseils de Turgot, de Malesherbes, de l'évêque de Langres (M. de la Fare).

Cinquante mille familles de Religionnaires français formaient en 1789, au nord de l'Allemagne, des colonies

livrées exclusivement aux arts industriels. Elles s'isolaient
par leurs mœurs du peuple qui les avait recueillies :
leur orgueil national ne voulait donner le nom de patrie
qu'à cette France chérie, dont l'intolérance les bannissait
encore. Leurs longs malheurs, leur patriotisme et leurs
utiles travaux remplissaient d'admiration et de respect
les étrangers avides de lire leur histoire. Les Émigrés
nobles peuvent-ils oublier que dans la terre de l'exil, ils
furent partout secourus par des concitoyens aussi exilés ?
Ces descendans des compagnons d'Henri IV ne virent en
eux que des Français, et non les fils de leurs persécuteurs,
qui, durant tout un siècle, avaient retenu par la force, dans
les frontières de la France, plus d'un million de Français,
citoyens sans culte religieux, sans profession civile, mariés sans épouses, sans héritiers quoique pères, qui ne
pouvaient ni naître, ni se marier, ni vivre, ni mourir,
qu'en désobéissant aux lois : genre de persécution, inoui
jusqu'alors, et dans sa rigueur patiente et réfléchie le plus
odieux qui ait jamais existé chez aucun peuple.

Protestans et Émigrés tous souffrirent la persécution,
les uns à cause de leur croyance religieuse, les autres
pour leur opinion politique : les premiers ne portèrent
que le fer de leurs chaînes; les seconds... Ils sont nos frères : oublions ce que disait d'eux un législateur aujour-
d'hui chef de l'une des deux Chambres : « Ils sont plus
que des Étrangers, ils sont devenus nos ennemis ceux qui
ont soulevé l'Europe, pour conserver le patrimoine héréditaire de quelques préjugés usés par la raison. » Protestans et Émigrés furent également frappés de mort civile;
mais le divorce seul rompit les liens du mariage pour un
petit nombre de ceux-ci : tous les mariages des Protestans furent taxés de concubinage, d'adultère, de sacrilége. A Grenoble, à Montauban, à Bordeaux, on envoya aux galères les mariés au désert ; partout leurs
épouses furent déclarées infâmes. De 1740 à 1778, on

compta plus de quatre cent mille mariages contractés au désert.

La légitimité des enfans des Émigrés a été respectée : un moment réputés suspects, ils sont restés dans leurs familles, et ils ont sauvé leurs biens, ou recueilli les débris de la fortune de leurs pères. Soixante millions environ ont été accordés comme secours, par la République, aux enfans et aux femmes des Émigrés. Mais, en 1697, près d'Uzès, des enfans sur le point de naître furent fusillés dans le sein de leurs mères éventrées. Dès 1685, le duc de Noailles fit arracher les enfans des bras des Protestans; ils contraignit les parens catholiques de s'en charger ; on en remplit aussi les couvens, les colléges, les hôpitaux. Mme de Maintenon, qui jamais ne fut mère; Mme de Marsan, d'autres dames de la Cour, excitèrent les persécuteurs à ces enlèvemens. L'enfance ne put inspirer de compassion aux tribunaux de conscience. En Normandie, on vendit, sans forme de procès, les biens de ceux qui n'avaient point fait baptiser leurs enfans par le curé. Les Tribunaux déclaraient leur naissance illégitime; la législation les notait de bâtardise et elle leur ravissait leur patrimoine échappé aux confiscations. Les couvens appelés les *Nouvelles Catholiques*, les *Petits renfermés* subsistent encore. La première leçon que la jeunesse protestante recevait dans ces repaires de l'intolérance était la haine pour ses parens : comme si la religion pouvait dispenser de la nature. Par chaque année que passait hors de France l'enfant d'un Protestant ou d'un nouveau converti, la famille était forcée à payer 6,000 liv. d'amende. Faut-il qu'une ordonnance rendue, M. Fraissinous étant Grand-Maître, ait expulsé de la plupart de nos colléges les Protestans pensionnaires ! « Ces tendres et malheureux enfans de l'erreur » suivant l'expression du Clergé dans ses remontrances à Louis XVI.

Il y eut spoliation pour les Protestans, non pour les

Émigrés, qui, armés, furent frappés par les lois. Dès 1689, le Fisc s'appropria les héritages de cent mille citoyens fugitifs pour cause de religion. Dans les seules élections de Marennes et de la Rochelle, les confiscations s'élevèrent à plus de trois millions de revenu. Cent mille Protestans du diocèse de Saintes s'enfuirent. En 1690, on évalua, pour la seule province de Normandie, le nombre de ces Émigrés à cent quatre-vingt-quatre mille, et on y compta plus de vingt-six mille habitations désertes. Louis XIV défendit aux Convertis de vendre leurs biens, sans un brevet expédié par l'un des secrétaires d'État, si la valeur en était de plus de 3,000 liv. ; et sans un brevet expédié par les intendans, pour des biens d'un prix inférieur. Les Protestans échappant à leurs gardiens, parvenaient-ils sur la terre étrangère, tous leurs biens étaient confisqués : s'ils se soumettaient, ils ne pouvaient pas même disposer de leurs meubles. Les régisseurs de la séquestration faisaient saisir les biens de tous les Religionnaires qui avaient disparu, morts ou vivans, et s'emparaient des successions que n'osait leur disputer une famille embarrassée de sa propre défense. Enfin, c'est seulement avec les intendans qu'ont disparu les affiches dont les portes de leurs hôtels étaient couvertes, et qui annonçaient la mise en vente de ces biens. Les Protestans avaient amassé leurs fortunes par l'industrie et non par le privilége, par le travail et non par l'intrigue. Leurs biens étaient libres ou grévés de peu de dettes. Ceux des Émigrés au contraire étaient la plupart dilapidés, chargés d'hypothèques. Coblentz, on le sait, devint pour beaucoup ce que la Palestine avait été pour leurs ancêtres, qui, en s'enrôlant dans les Croisades, s'étaient exemptés de payer leurs créanciers.

On ne pourrait évaluer le numéraire que les deux Émigrations enlevèrent à la France. L'industrie nationale perdit, par la première, et ses capitaux et ses soutiens ; par la seconde, des richesses, dont la privation l'empêcha de produire. L'une tarit les meilleures ressources du trésor, appauvri ensuite par la guerre de la Succession : ce qui amena le *Système*, plus funeste encore. L'autre hâta l'accroissement épouvantable du papier-monnaie ; et elle causa le *maximum*, les réquisitions, l'emprunt forcé. La République ne trouva pas, dans les biens des Émigrés, assez de ressources pour vaincre et exterminer les armées ennemies de la France. Mais la confiscation subie par les Protestans profita pour une partie au Fisc, et aux Traitans préposés aux séquestrations. Les Conseils de conscience s'emparèrent d'une autre part, pour donner des primes aux conversions et soudoyer la persécution. La Police, les Intendances absorbèrent aussi une part ; mais la plus forte fut celle des Nobles, qui achetèrent ces biens à vil prix. On sait que Mme de Maintenon écrivait à son frère quatre ans avant la Révocation : « Vous ne sauriez mieux faire que d'acheter une terre en Poitou : elles vont s'y *donner* par la fuite des Huguenots. » De simples dénonciations suffirent pour s'enrichir : des collatéraux dépouillèrent leurs parens : des Nobles se firent donner par le Roi chacun un nombre de Protestans pour s'en approprier les biens : si la confiscation trompait leur cupidité, ils demandaient au Trésor, pour indemnités, des pensions : même les vêtemens des Émigrans surpris ou arrêtés dans leur fuite étaient adjugés aux délateurs, aux courtisans, aux fanatiques.

Quoique récens et déplorables, les maux soufferts par les Émigrés ne peuvent pas être comparés à ceux qu'éprouvèrent les Protestans. *L'intolérance* poursuivit ceux-ci jusqu'à Constantinople en 1686, à Jérusalem en 1690, et jusqu'à Smyrne en 1727. Ces fugitifs, riches la plupart, ne trouvèrent aussi dans l'exil que besoins et misère ; et les souffrances de la conscience et de l'esprit industriel sont autrement cruelles que les regrets de la grandeur déchue. Plus d'un million de Religionnaires sortirent du royaume : on compta à peine cinquante mille Émigrés. Ceux-ci, huit ans après leur départ, rentrèrent presque tous : l'émigration de ceux-là continua pendant soixante-dix ans. Dans l'intérieur, la persécution dura deux ans pour la Noblesse, un siècle pour les Protestans ; et plus de cinquante mille d'entr'eux expièrent, par les galères, la potence, la roue et le feu, leur confiance dans la tolérance du Gouvernement et des lois. Dès avant 1685, les pauvres et les malades n'avaient plus à espérer de secours *sous prétexte de charité*. Plus de populations avaient été exterminées, plus de villes et de campagnes incendiées dans le Languedoc, la Provence, l'Auvergne, qu'on n'en a compté dans la Vendée, théâtre de si horribles représailles. Quels rapports établir entre Quiberon et les massacres de Merindol, de Cabrière, de Vassy, des Cevennes ? Sous l'empire de la confiscation et après, les Émigrés conservèrent ou recouvrèrent une grande partie de leurs biens. Ceux que la loi de 1814 leur a donnés sont d'un revenu de près de *dix millions*. En 1787, une loi remit les Protestans en possession de leurs biens non vendus ; mais il ne s'en trouva plus que pour un revenu montant à *cent dix mille francs*.

Entre l'émigration des Nobles et la population protestante, il y a la proportion de un à soixante-dix. Des emplois sans nombre, des pensions sur toutes les caisses indemnisent, et depuis long-temps, les premiers : les Protestans paient le huitième du budget d'un milliard ; ils reçoivent pour leur culte 575000 fr. Les emplois publics et salariés leur produisent-ils davantage ? C'est par le travail et le commerce que beaucoup d'entr'eux ont réparé leurs fortunes : mais combien qui souffrent encore de la *Révocation* ! Des courtisans saisis par des délations, par des dons et brevets, d'une partie des biens des Protestans fugitifs, ont émigré à leur tour. Le décret du 9 décembre 1790 a prononcé la révocation absolue de ces dons et concessions faites à titre gratuit. Les Émigrés nobles n'en comprendront pas moins ces mêmes biens dans leurs indemnités ; en sorte qu'un immeuble restitué à un Protestant vaudra, par cela même, des *réparations* à une famille qui ne le posséda jamais légitimement. Enfin quelles sont les victimes de nos dernières discordes civiles ? Encore les Protestans. M. d'Arbaud Jonques en a pallié les funestes résultats ; mais n'y eût-il pas eu, comme M. Perrot l'a appris dans le Gard, 150 maisons de ville et 90 maisons de campagne de pillées, et 200 Protestans de tués, les familles lézées seront-elles indemnisées ? Non. Pas plus que les Lyonnais, que les Toulonnais, pas plus que les victimes du 31 mai et de la chouannerie. L'Émigration forcée indemnisera l'Émigration volontaire et hostile.

CHAPITRE V.

Autres Victimes.

Comme les Protestans, les Juifs, heureux de vivre dans notre belle France, libres, citoyens, forts de leurs droits, confians dans la Charte et dans la parole de Charles X, oublient un passé qui fut atroce. Ils auraient honte d'étaler leurs malheurs sur la voie publique, dans les temples, dans les palais : ils paient des impôts, ils travaillent, et ils rougiraient d'être mis à la charge de la Nation, de s'enrichir par des sinécures, des pensions, par des indemnités. Pourtant, quel sort fut égal à celui de cette nation « tolérée précairement et par grâce, disait le Conseil d'Alsace; condamnée par l'oracle éternel à errer sur la surface de la terre, sans roi, sans établissement per-

manent, étrangère partout! » (1) Long-temps en France
on pilla les Juifs, on les vendit, on les bannit et on les
rappela moyennant de l'argent. Embrassaient-ils le Christianisme, leur abjuration affligeait le Gouvernement, et
il confisquait encore leurs biens. Assujettis jusqu'en 1784
à un droit de péage comme les animaux, ils ne pouvaient
habiter avec les Chrétiens, être admis aux maîtrises. Ils
payaient, à Strasbourg, des taxes arbitraires aux seigneurs, à l'évêque, au Domaine : cinq ans avant la révolution, ils ne pouvaient se marier sans l'expresse permission du Roi. La Police continuait, en 1791, de classer
comme objets d'administration, les mendians, les domestiques, les femmes publiques et les Juifs (2).

Des Juifs désignés par le nom de *Portugais* ou *nouveaux Chrétiens*, étaient domiciliés dans les généralités
d'Auch et de Bordeaux. Louis XV, par lettres - patentes
de 1723, dit, statua, ordonna qu'ils seraient autorisés à
y demeurer, négocier, à disposer de leurs biens, entre
yifs, en payant 100,000 livres et les 2 sous pour livre,
à cause de son joyeux avénement. Malgré les traités qui
assuraient aux Juifs des provinces du Nord réunies à la

---

(1) M. de Bonald, qui naguères a courtisé peut-être des Juifs électeurs de
l'Aveyron, a dit aux Pairs de France : « *Le Sauveur* a demandé grâce
pour ses bourreaux, mais son *père* ne l'a pas exaucé. Il a même étendu le
châtiment sur tout un peuple qui, sans chef, sans territoire et sans autel,
porte partout l'anathème dont il est frappé (*Disc.*, 12 février, 1825.). »
Si la crainte a fait les dieux, elle a fait bien plus de députés. Mais ceux-ci
ont des yeux très-perçans, des mains qui palpent et qui palperont, des
pieds agiles, puisqu'ils courent à la tribune : là, du moins, on devrait toujours être reconnaissant et tolérant.

(2) Les Juifs ont une *action de grâces* dont le sens littéral est : « Nous
louons le Seigneur de n'avoir pas fait de nous des idolâtres, qui prient un
Dieu qui ne les secourra pas. » *Secourra* est la traduction du mot hébreu
Jochua. Des théologiens allemands prétendirent qu'il y avait *Jésus*, et
sans plus d'examen, le fameux Frédéric II condamna les Juifs à une
amende considérable. Connaissant trop la valeur de *Jochua*, ils suppri-
mèrent toute leur prière.

France le libre exercice de leur culte, le duc de Brancas
surprit au Régent l'autorisation de percevoir à son profit
et pour trente années, une taxe sur les Juifs de Metz. Il
eut ainsi un revenu de 20,000 liv. dont il céda le tiers
à la comtesse de Fontaine, qui lui avait donné l'*avis*. Cette
redevance fut renouvelée en 1745, et cela, dit Louis XV,
pour donner à M. de Brancas une nouvelle marque de bienveillance. Henri IV s'était exprimé plus franchement dans
ses lettres - patentes en faveur de Gabrielle d'Estrées. On
lit dans les Mémoires du maréchal de Richelieu que Louis
ayant obtenu de mademoiselle de Montcarvel ce que les
autres filles de Nesle ne possédaient plus depuis long-
temps, lui promit une dot capable d'indemniser son futur
époux, le duc de Lauraguais : savoir, 80,000 liv. de
rente sur les Postes, un privilége sur les Juifs de Metz
jusqu'en 1800. Ces Israélites payaient encore la taxe
Montcarvel en 1789. La maison de Brancas exposa à
l'Assemblée nationale que cette taxe était un droit de protection, un droit d'aubaine, et elle réclama une indemnité. Il semble que la Synagogue de Metz serait bien
fondée à demander la restitution de 900,000 liv. environ que les Juifs ont ainsi payées, depuis 1745 jusqu'à 1790.

Le jésuitisme était tout-puissant : il lui fallait encore
d'autres victimes, et un grand nombre de Français furent
persécutés, peut-être parce qu'ils étaient trop Chrétiens.
Quatre-vingt-quinze mille lettres de cachet, qui mérité-
rent la barette au cardinal de Fleury, attestent les violences, l'exil, la misère que souffrirent les Jansénistes. Certes,
les libertés publiques n'ont pas un intérêt direct à la décision de ces questions : « Si le mérite du sang de Jésus-
Christ est absolu ou limité ; si la grâce est efficace par
elle-même, de quelle manière, et jusqu'à quel point? »
Mais la guerre du Jansénisme, qui devrait s'appeler la
persécution exercée par le Molinisme, eut bientôt pour

objet les libertés de l'Eglise gallicane, et l'indépendance nationale attaquée par la cour de Rome.

Que la France serait malheureuse, a dit Napoléon, si elle avait jamais un roi dévot! Son génie lui montrait les maux que causa à l'Etat l'empire des Jésuites sur l'esprit de Louis XIV. Ce roi, qui ne fut jamais plus grand que dans l'adversité, se laissa persuader alors que les emprisonnemens, l'exil et les confiscations devaient être autant d'expiations de ses propres fragilités : il voulut voir dans les Jansénistes les ennemis les plus dangereux. Sa sombre inquiétude lui révélait les dangers que son orgueil, son faste, son despotisme avaient amassés autour de son trône. Les prisons d'Etat, remplies de Français défenseurs de la doctrine de 1682, ne purent être rouvertes que lorsque la tombe posséda ce moderne *Théodose* (1). Les cachots rendirent ceux des Jansénistes qu'ils n'avaient pu dévorer; l'horreur de l'état où ils parurent épouvanta. S'ils recouvraient la liberté, ils étaient mutilés par les fers, maigris par la faim ; et les magistrats avaient perdu leurs offices, les professeurs leurs chaires, les prêtres leurs bénéfices, tous la santé et leurs biens. Les confiscations qu'ils avaient subies servirent à la fortune de leurs délateurs et de leurs geôliers.

Jamais le fanatisme religieux ne connut d'armistice. L'Eglise, la société, continuèrent d'être agitées par toutes les haines ; on se battit dans le cloître, dans le sanctuaire, aux portes des temples; les prières furent hostiles ; les archers présidèrent à l'administration des sacremens; la police organisa la délation, chercha des victimes jusque dans les chaumières, et traîna avec fracas ses captifs à

(1) Bossuet dans la chaire, les Grands à la Cour, avaient aussi appelé ce roi *nouveau Constantin*. Rome, qui jadis avait célébré la Saint-Barthélemy, se livra à une joie féroce lors de la *Révocation*. Fénélon lui-même déclara dans une lettre à Louis XIV, qu'il était prêt d'abjurer la tolérance que Fléchier invoqua en faveur des Protestans.

travers les villes ; il y eut des lois des suspects ; on encouragea la diffamation ; les mourans ne furent pas préservés des fureurs, et lorsque le séquestre épargna les fortunes particulières, les amendes ruinèrent des branches de l'industrie.

On confond le Jansénisme avec les querelles religieuses que le respect pour la raison empêche d'examiner. Le parti philosophique profita, sans l'avouer, des progrès que cette dispute avait fait faire à l'esprit humain. Tous les esprits élevés furent Jansénistes. Superstitieux, ils étaient patriotes, incorruptibles quand tout était vénal : ils professaient, la plupart, les principes libéraux, mais ils n'en soupçonnaient pas toute l'étendue. On vit une opposition défendre, au nom de la Religion, les intérêts nationaux, dévoiler les désordres du Gouvernement ; décimée, dans les cachots, dans l'exil, elle nourrit la haine de tous contre le despotisme. La presse, dont les partis se firent une arme terrible, révéla qu'elle était une puissance.

Si l'infâme Dubois n'avait pas aspiré à la barete, l'édit de Nantes aurait été remis en vigueur ; si le Régent n'avait pas désiré ceindre la mitre à un fils de son libertinage, l'entière séparation de l'église gallicane avec l'église romaine aurait pu s'opérer. Aurions-nous vu la Révolution ? Une réforme politique et religieuse, lentement consommée, aurait établi le gouvernement représentatif : l'Emigration n'exigerait pas aujourd'hui des indemnités des descendans de ces millions de Jansénistes qui furent persécutés pour leur opinion, ruinés pour leur patriotisme. Mais voilà l'intolérance qui s'agite de nouveau . les hommes aux catégories ont éprouvé les douleurs de l'exil ; ils veulent des exilés, des malheureux. Le comte de Maistre dit à l'autorité royale qu'elle doit se hâter de saisir sa serpe pour atteindre la racine de la plante vénéneuse de Jansénius. Les ruines mêmes de Port-Royal ont disparu, tandis que Mont-rouge, Dôle, s'élèvent avec orgueil, que Saint-

Acheul prend de tels accroissemens qu'on dira bientôt *Amiens dans Saint-Acheul* (1).

Dans ces jours prônés avec tant d'astuce, comme les réparateurs des confiscations, on ne veut considérer, soulager que les maux qui datent de l'hégire des ordres privilégiés ; on annonce que l'abîme de la Révolution, parce qu'il les engloutit, va être fermé. Ces ordres aussi avaient ouvert des abîmes où périrent des générations entières. Quelles familles considérées n'avaient pas souffert des persécutions religieuses, des spoliations de la Cour, des déprédations de l'administration et des lettres de cachet ? Accorder des indemnités aux Émigrés de la Révolution, en refuser aux Émigrés de l'intolérance et aux victimes du despotisme, c'est accorder aux immeubles des premiers plus de protection qu'aux droits naturels et sociaux ; c'est approuver, sanctionner les persécutions exercées sous Louis XIV et sous Louis XV (2). La mesure de l'Indemnité, dit-on, tend à donner une leçon aux révolutions. Ferdinand prétend aussi leur donner une leçon : c'est en ruinant les prêteurs des emprunts dont ce roi a profité. Si le respect pour la propriété était sincère de la part des aspirans à l'Indemnité, ils n'oseraient pas réclamer des biens confisqués quelques lustres seulement avant 1792, et dont les légitimes propriétaires vont être contraints de contribuer aux Indemnités ; ils ne s'enrichiraient pas des dépouilles des rentiers tourmentés opiniâtrément. Mais n'a-t-on pas osé dire en faveur des Indemnisés : « Les droits des Émigrés sont aussi incontestables que ceux du Roi

---

(1) Le magistrat d'Amiens, en 1757, présenta une requête à Louis XV pour substituer à son nom, qu'il jugeait homonyme de celui de l'infâme Damiens, le nom de Louis-ville. Ce régicide était affilié aux Jésuites.

(2) Louis XVI affranchit les mains-mortables dans tous ses domaines, et il abolit le droit de *suite*. Cependant beaucoup de nos contemporains sont nés *serfs*. A Gournay, par exemple, on lit sur un monument récemment restauré le mot *vassaux*.

sur la couronne : il n'est pas plus permis de méconnaître les premiers que d'attenter à la légitimité. »

Patron de l'Emigration, le Ministère a dit aussi : « Il y a dans le rapprochement continuel de l'homme dépouillé d'un objet matériel et du possesseur actuel, une action constante qui ne permet pas aux passions de s'éteindre. » Depuis, l'amnistie jusqu'à la Restauration, cette action ne se fit pas sentir; mais dès 1814, M. le duc de Tarente signala les *imprudences*, les *provocations* des Émigrés. Et c'est devant une nation composée et de victimes de la Révolution et de victimes de l'ancien Régime, que le ministère trouve *admirable* la *résignation* de ses cliens! La politique qui scindrait tant d'infortunes deviendrait cruelle par ses bienfaits mêmes; la justice, qui chargerait les plus anciennes et les plus vives d'indemniser les autres, serait la suprême injustice. Que ferait l'Intolérance envers des cultes différens, le Privilége envers des ordres dont il mépriserait le plus utile, le Pouvoir absolu envers des citoyens qu'il ne jugerait pas égaux en droits.'

~~~~~~

CHAPITRE VI.

L'ANCIEN RÉGIME.

Confiscation, Avis, Affaires, Concussion.

Le déficit, l'Assemblée des Notables et l'opposition du Parlement ne furent que les effets de causes bien plus anciennes et devenues invincibles. Tout le xviii° siècle explique ces causes et les montre menaçantes, tant par les événemens politiques que par des faits isolés mais innombrables. Ceux de nos neveux qui n'étudieront pas ce siècle suivant l'ordre chronologique, pourront croire, qu'immédiatement après tels de ces faits et de ces événemens, commença la Révolution. Nous-mêmes nous ne pouvons comprendre comment, depuis long-temps, le trône n'aperçut pas l'abîme qu'il avait ouvert, comment la Cour osa persister dans sa dépravation, comment le Clergé se refusa à une réforme que la Religion et la morale publique lui commandaient. L'Histoire la plus vraie de notre Révolution, et qui certes sera écrite, doit avoir pour titre : *la Révolution opérée par ses premières Victimes.*

Le marquis de Foucault disait dans la séance immortelle du 4 août 1789: « Le premier des sacrifices doit être fait par les Grands et par cette portion de la Noblesse très-opulente par elle-même, qui vit sous les yeux du prince et sur laquelle il verse sans mesure et accumule des dons, des largesses, des traitemens excessifs, *fournis et pris sur la pure substance des campagnes.* Mais cette noblesse de cour refusa tout sacrifice : l'intrigue l'avait enrichie; elle

ourdit des complots ; aux émeutes populaires elle s'efforça
d'opposer des soulèvemens : la plus faible dans cette lutte
devenue terrible , elle organisa l'Émigration armée. C'est
elle à présent qui va absorber presque toutes les indemnités , parce qu'elle fut la plus atteinte par une législation
qui, sans elle, n'aurait pas existé. Ainsi, l'Indemnité contraint à lui opposer cet Ancien Régime fier de ses vices ,
riche de ses spoliations , et qui ne modifia ses abus que
pour en produire de nouveaux ; ainsi elle force à produire
des témoignages historiques de l'origine et de l'accroissement de tant de fortunes amassées par des *concussions*, des
confiscations , par des *pensions* , des *avis*, des *affaires*,
des *brevets*, et par tous les *priviléges*.

Sous François Ier, la maison de Guise possédait à peine
8,000 livres de rente; quatorze ans plus tard elle fut riche
de 800,000 liv. de revenus. Lorsque le prince de Condé
épousa la fille du Connétable de Montmorency , il n'a-
vait pas à espérer de patrimoine 12,000 livres de rente,
et le grand Condé jouit annuellement de près de deux
millions, et son petit-fils de plus de trois millions. Richelieu fit ses affaires et aussi celles de son maître. Si les
Grands n'eussent pas voulu refaire les leurs , la guerre
de la Fronde n'eût pas existé. Jamais ministre n'a tant
volé que Mazarin ; et la catastrophe de Fouquet ne fut
pas ruineuse pour sa famille.

Faire une affaire signifiait, dans le langage de la Cour,
vendre sa protection, s'immiscer dans des affaires honteuses, passer des marchés véreux, pratiquer des concussions , aussi donner des avis et obtenir des confiscations.
Ainsi des courtisans se faisaient *abandonner des hommes
riches*. Le Roi, raconte Dangeau (1689), a fait don à la
princesse d'Harcourt d'un homme qui s'est tué lui-même,
et elle espère en tirer beaucoup : on dit qu'il a plus de
20,000 liv. de rente. Le suicide était puni de la confiscation des biens. Un homme vivant fut abandonné au

comte de Grammont : c'était un fournisseur concussion-
naire retiré de l'autre côté du Rhin. Louis XIV laissa les
profits de cette affaire au comte, qui avait commencé les
poursuites à ses frais ; il en tira 40,000 liv., puis 40,000 liv.,
et encore 40,000 liv. Manquant de munitionnaires à exploiter, Grammont obtint du Roi un don de 80,000 liv.
sur le Trésor public. Ce courtisan avait eu, à un petit
coucher, le gouvernement d'Aunis : tirez-en, lui avait
dit le Roi, le plus d'argent que vous pourrez. Un brevet
d'historiographe fut, pour le duc de Grammont, l'objet
d'une grande spéculation. Un autre Grammont retirait
par an, de son régiment des gardes, 120,000 liv., et de
l'octroi de Bayonne, 90,000 liv. C'était, dit-on à l'Assemblée nationale, pour échange de biens féodaux ; et tout
échangiste alléguait des lésions.

Lauzun fut enfermé dans une prison d'Etat pour s'être
rendu témoin invisible des ébats de madame de Montespan avec son amant. Aussitôt le duc de Roquelaure demanda au Roi, mais en vain, les lods et ventes de plusieurs
des terres du prisonnier. D'autres courtisans lui prirent
deux maisons, pour le fonds et les arrérages desquelles le
Trésor public lui compta une indemnité de 75,000 liv.
Polignac, cardinal avant d'être prêtre, obtint la confiscation des biens de Ruvigny (mylord Galoway), émigré pour cause de religion. Ruvigny avait confié une
somme considérable à son intime ami, le premier président *** ; celui-ci déclara le dépôt au Roi, qui lui fit don
de la plus forte part de l'argent confisqué. On était en
guerre, en 1702, avec la Hollande, et plusieurs citoyens
de cet Etat possédaient de grands biens dans le Poitou. Le
duc de Guiche demanda, pour son profit, la confiscation
de ces biens ; il n'obtint du Roi qu'une pension de 20,000 liv.
sur le trésor, dont il céda le quart à ceux qui lui avaient
donné l'avis. Ce duc, chef des Gardes, gagna 600,000 liv.
en contribuant à assurer la régence au duc d'Orléans.

Une espèce de confiscation avait enlevé le Parlement de Bretagne à la ville de Rennes, qui s'était révoltée contre la Maltôte : le retour de cette compagnie n'y fut autorisé qu'après composition de 500,000 liv. payées par le Parlement, et d'une égale somme à la charge de la ville. Mais c'était une *affaire* que faisait Louis XIV lorsque, passant le premier bail de la ferme du tabac, il exigea un pot-de-vin de 600,000 liv. qu'il distribua à la famille royale. (*Mém. de Choisy.*) A chaque renouvellement des fermes, ce roi faisait compter par les traitans 350,000 liv. au contrôleur-général des finances. Une commission, composée de d'Aguesseau et de six intendans, vérifia en 1695, les comptes des trésoriers de la guerre : le dénonciateur de ces concussionnaires fut *Monsieur*, qui, pour récompense de l'*avis*, se fit compter plus d'un million.

Jamais conseiller ne fut aussi heureux ou aussi adroit que le prince d'Armagnac, grand-écuyer. Le bon homme Corneille, fameux par ses comédies (ainsi Dangeau, académicien mais grand seigneur, qualifiait le créateur de la scène française), Corneille venait de mourir dans l'indigence, le dernier descendant de l'illustre famille des Etienne expirait à l'Hôtel - Dieu de Paris, lorsque Louis XIV fit compter 10,000 louis au grand - écuyer pour un avis. Deux ans auparavant il avait reçu, aussi pour un bon avis, 100,000 liv. Dès 1671, le *Grand* avait touché une somme plus forte en récompense d'un avis encore meilleur, mais que le Roi avait totalement oublié. Pontchartrain, succombant sous le double fardeau des finances et de la marine, s'adjoignit pour conseillers intimes le grand-écuyer et le comte de Grammont. Les avis du premier coûtèrent encore 4,000 pistoles ; ceux du second ne furent prisés qu'à la moitié.

Vraisemblablement les ducs d'Aumont et d'Antin donnaient des avis, car le Régent leur accorda 20 sous par jour sur chaque carrosse de remise. On en comptait dans

Paris environ trois cents : ce qui devait produire annuellement aux deux ducs 36,000 écus. Le prince Camille, fils du grand-écuyer, n'avait pu gagner sur les litières que 8,000 livres par an. Mais l'envie des autres courtisans, bien plus que les réclamations des loueurs de voitures, engagea le Régent à supprimer ces taxes. Alors un donneur d'avis maladroit ou trop audacieux fut puni. C'était Beauvilliers-Saint-Aignan, Sulpicien, puis évêque de Beauvais, et qui, auteur d'une traduction littérale de la Bible, en dix vol. in-4°, fut comparé aux saints Pères. Il était homme, il était faible, et il s'amouracha d'une de ses pénitentes. Rappelé de son diocèse, il fabriqua un arrêt du Conseil qu'il montra aux principaux bouchers de Paris et de Beauvais, en leur faisant insinuer, par un Capucin, que, pourvu qu'ils lui comptassent 100,000 écus, il saurait en empêcher l'exécution. Le renchérissement qu'éprouva la viande en fit rechercher la cause ; et le Lieutenant de police fit enlever l'évêque par des archers, au moment où les bouchers lui payaient un à-compte de 10,000 écus.

Le peuple des Cours est un peuple marchand ; il trafique des faveurs qu'il obtient ; ramper, solliciter et prendre, c'est son genre d'industrie. Le grand Frédéric disait : « qu'un Souverain était presque toujours l'homme de ses Etats qui, par bienséance, voyait la plus mauvaise compagnie. » Quand les intrigues galantes eurent cessé d'être productives à la Cour de Louis XIV, les femmes spéculèrent sur la dévotion, et s'arrangèrent pour faire d'autres affaires. La marquise de Langeais, protestante, ayant fait abjuration, eut un superbe logement au Luxembourg. Pour le même motif, Mme de Lance-Rambouillet obtint une pension de 2,000 liv. La conversion du marquis de Belsonce coûta le même prix ; mais celle du marquis de Vivans fut estimée 2,000 écus de pension. Le jeune duc de la Force reçut 1,000 pistoles pour son abjuration, une pension aussi de 10,000 liv. , à cause de son zèle persécuteur à convertir ses anciens co-Religionnaires. Louis XIV et Mme de Maintenon s'occupaient à choisir des confesseurs pour la Cour. Mme de Caylus, déjà gratifiée d'une pension de 6,000 liv. , en obtint une seconde de 4,000 , parce qu'elle renonça à son confesseur Oratorien et prit un Jésuite. Piquée de n'être pas admise aux voyages de Marly, la princesse de Montauban obtint par le crédit de Mme d'Harcourt de lui être substituée pour une fois : le prix du marché fut de 3,000 liv. , et Louis XIV y donna son agrément.

On trouve sans cesse dans les Mémoires de cette époque : Mme la comtesse ***, le duc de ** ont gagné 20, 50,000 liv. à des affaires. Mme de Villefort, sous-gouvernante du Dauphin, reçut ainsi 20,000 écus comptant. Louis-le-Grand avait recours à tous les expédiens pour remplir son trésor. La duchesse de Roquelaure lui donna l'avis de frapper d'un impôt les armoiries : un édit fut rendu, et elle reçut une forte gratification. « Vous n'êtes bonne à rien ; essayez, on vous aidera », disait Mme de Montespan à *Madame* (Charlotte-Elisabeth) en lui faisant reproche de son éloignement pour les affaires. Encore en 1700 , Mme de Montespan touchait sur le Trésor mille pistoles par mois. Elle avait puissamment contribué à étendre le crédit des Mortemart. Ordinairement Louis XIV donnait ou 200,000 liv. ou une pension de 10,000 liv. aux filles de ses ministres, à leur mariage. Mme de Montespan fit épouser à son neveu la troisième fille de Colbert, et ce mariage coûta au Roi, ou plutôt à la France, 1,400,000 liv. ; savoir , 600,000 liv. pour la dot, et 800,000 liv. pour payer les dettes de la maison de Mortemart. Cette somme ferait aujourd'hui près de trois millions. L'esprit d'intrigue mais non la cupidité, dominait la duchesse de Bourgogne; car toute la Cour l'admirait de ce qu'elle s'abstenait de tricher au jeu. Mme de Maintenon entendait mieux les affaires. Elle gouvernait Louis XIV ; elle était gouvernée à son tour par une vieille servante de prêtre , nommée Nanon Babien , dont St. - Simon nous a laissé un portrait si piquant. Cette fille avide, inabordable, était recherchée par les plus grands Seigneurs : moyennant 60,000 liv. , elle fit nommer la duchesse de Lude à l'emploi de dame d'honneur.

La concussion, pratiquée ostensiblement à la Cour, n'était contenue par aucun frein dans les provinces. Lorsque Jacques II , réfugié en France , exigeait des Corsaires armés sous son pavillon le dixième de leurs prises , les chefs de l'Amirauté s'attribuaient une part égale. En 1692, de Chaulnes tira ainsi des armateurs de la Bretagne une somme de 8 à 900,000 liv. Villeroi , fait exprès pour présider à un bal ou pour chanter à l'Opéra , courtisanmodèle , maréchal de France , quoique général toujours vaincu , favori de Louis XIV , et gouverneur de Louis XV, disait à ce jeune Roi, en lui montrant la foule qui remplissait le jardin des Tuileries : « Voyez, mon maître , voyez , tout ce peuple est à vous ; il n'y a rien là qui ne vous appartienne. » Ce duc se crut aussi le maître dans son gouvernement de Lyon. Gratifié par Louis XIV de 300,000 liv. à prendre extraordinairement, par sixième, sur les octrois de cette ville , il châtia militairement les bourgeois qui s'étaient révoltés , et il leur imposa son fils en qualité d'archevêque et de commandant militaire. Après sa disgrâce fameuse , ce duc , retiré dans son gouvernement , y vola plus de 100,000 écus par an. Il se fit donner des pensions pour accorder sa protection , pour nommer le Prévôt et les Echevins , et il perçut, à son profit , une surtaxe sur les octrois. Les magistrats, ses créatures , se gardèrent bien de s'en plaindre.

Les éloges donnés à la probité de Turenne , au désintéressement de Catinat, prouvent assez que ces vertus n'étaient guère pratiquées par les autres généraux. Malgré les réglemens sévères de Louis XIV, les officiers supérieurs, trop livrés au luxe pour que leur traitement, qui était plus considérable qu'il n'est à présent, pût leur suffire, cherchaient dans les concussions des ressources et des moyens d'accroître leur fortune. Le nom de Villars rappelle encore les sauve-gardes : il avouait n'en avoir tiré que 200,000 liv. ; mais il s'était réservé le tiers des contributions, et le Vurtemberg avait été contraint de se racheter du pillage par 2,500,000 liv. Les colonels favorisaient les capitaines, qui faisaient de honteux profits sur leurs compagnies, surtout en empêchant qu'elles ne fussent complètes. On trompait les directeurs et les inspecteurs ; on corrompait, on intimidait les commissaires des guerres ; comme l'avancement, les gratifications étaient données aveuglément et conquises par l'intrigue : même le bâton de maréchal tombait le plus souvent dans des mains indignes. Sans la Révolution, la France n'aurait plus d'armées.

CHAPITRE VII.

Porte-feuilles, Brevets.

« On ne peut plus faire le service qu'en escroquant de tous côtés ; c'est une vie de Bohémes, et non pas de gens qui gouvernent. » Cette censure de Fénélon s'appliquerait bien à tout l'ancien régime. Louvois se distingua par sa rapacité entre les ministres cupides ; et Colbert lui-même ne fut pas contenu par la disgrâce de Fouquet. La magnifique terre de Maillebois et plusieurs autre biens furent le produit des friponneries de Desmarets ; le complice de cet intendant des finances, le marquis d'Alincourt, jouit aussi de ses rapines : on ne confisqua que les

biens de deux bourgeois, leurs agens. Les commis de
Chamillard vendaient publiquement la croix de St.-Louis
pour 90 liv. Le président des Maisons dit, en apprenant
son renvoi du ministère : « Ils ont tort ; j'avais fait mes
affaires, à présent j'allais faire les leurs. » Louis XIV
avait déjà dit : « Le ministre des finances actuel est repu ;
un autre dont il faudrait éteindre la faim, aurait les in-
convéniens d'un changement. » Mon chancelier est un
fripon, mais il m'est nécessaire : ainsi Louis XV parlait
de Maupeou. Si l'on compulsait les contrats des terres
les plus magnifiques, on trouverait que beaucoup de
châteaux, bâtis depuis deux siècles, dans les environs
de Paris et dans les provinces, ont été construits avec
l'argent du trésor. La Normandie compta parmi ses grands
propriétaires les Ministres des finances. Fouquet y posséda
Gisors ; Colbert, Creully ; Chamillard , Cagny ; Law ,
Tancarville.

On a loué long-temps la probité d'Orry et d'Angevil-
liers. La Cour dont s'entoura la Dubarri était peuplée
de ministres, de courtisans corrompus et sans pudeur.
Chaque ministre recevait une somme d'argent pour établir
sa maison : de St.-Germain trouva cette somme exorbi-
tante ; mais le mémoire qu'il envoya ensuite se monta au
double. Sans doute les dépenses du palais de la rue de Ri-
voli seront connues un jour. On a vanté le désintéressement du cardinal de Fleury ; mais, entr'autres riches bénéfices, il eut l'abbaye de St.-Etienne de Caen, qui valait
à l'Abbé 70,000 liv. : le marquis de Fleury, son neveu, de simple capitaine devint gouverneur de la Lorraine, duc et pair, enfin premier gentilhomme avec un
brevet de 400,000 liv. La marquise de Prie fut véritablement ministre sous le nom du duc de Bourbon.
Elle hâta le procès de Leblanc, ministre de la guerre ,
accusé de concussions énormes ; et , de concert avec
les quatre frères Paris, elle établit un tarif pour les

grâces, les priviléges, les charges importantes qu'elle faisait obtenir. Elle hérita aussi de la pension de 40,000 liv. sterl. que l'Angleterre payait au cardinal Dubois pour trahir les intérêts de la France. Sept maréchaux, cinquante-huit cordons-bleus furent nommés par le crédit de cette maîtresse, bien digne d'être imitée par la Pompadour.

Combien de millions coûta au Trésor le chapeau rouge dont se coifférent successivement les ministres Dubois, Fleury, Bernis! Puissions-nous ne jamais voir au minis-tère d'aspirans au cardinalat! Pontchartrain fut redevable d'un portefeuille à une heureuse rencontre; Chamillard à son adresse au billard; Voisin à une robe de chambre fourrée que sa femme présenta à Mme de Maintenon; Dubois au libertinage du duc d'Orléans; Law à un duel malheureux qui le força de s'expatrier; le duc de Bour-bon à son agilité à franchir un escalier; Silhouette au goût avec lequel il tint une table pour quatre mille per-sonnes. La naissance suffit pour faire des ministres de Barbezieux, des deux Pontchartrain, de Maurepas dès l'âge de quinze ans, de St.-Florentin. Mais de Breteuil, intendant de Limoges, parvint au ministère de la guerre par un crime que notre législation punit des galères.

Quoique Louis XIV ne voulût voir dans ses ministres que des secrétaires, les courtisans comprenaient bien qu'ils étaient les dispensateurs des dignités, des pensions, des richesses de l'Etat. Ces ministres achetaient leurs por-tefeuilles, ils vendaient les grâces, et les enchérisseurs revendaient en détail les charges à des subalternes. Voici les prix de quelques ministères. Chamillard, déjà con-trôleur-général, acheta la charge de secrétaire d'Etat 100,000 écus, qu'il compta aux trois filles de Barbezieux. Mais après sa disgrâce, Chamillard, qui avait déjà un bre-vet de retenue de 600,000 liv., le fit élever à 800,000 liv.; il reçut en outre une pension de 60,000 liv.; et comme son fils était déjà pourvu de la survivance de sa secré-

tairerie, celui-ci obtint 4,000 écus de pension et la survivance de grand-maréchal-des-logis. De Breteuil paya
500,000 liv. son portefeuille : pauvre, il avait amassé cette
somme par toutes sortes de moyens ; et il se fit donner un
brevet également de 500,000 liv. Alors une place de
maître-d'hôtel de l'Infante (âgée de cinq ans) fut payée
200,000 liv. ; et la moitié de la charge de trésorier de
la maison du Roi, 800,000 liv. Des ministres avaient-
ils des dettes, ils ne se démettaient qu'autant que le
Trésor les acquittait. Lamoignon - Blancmesnil ne cessa
d'être chancelier, en 1768, que sous la condition que
l'Etat paierait ses dettes évaluées à 600,000 liv. Brienne,
en 1788, vendit fort cher sa démission : il exigea pour lui
la barette, pour son neveu, à peine d'âge, la coadjutorerie
de son archevêché de Sens et une des plus riches abbayes ;
pour sa nièce une place de dame du palais ; il laissa un
frère ministre de la guerre : enfin, il se composa, pendant son court ministère, une fortune de 5 à 600,000 liv.
de rente sur les biens de l'Eglise. Peut-être toutes ces
affaires ministérielles étaient-elles moins onéreuses à la
fortune publique que ne le sont, à présent, les sinécures de nos ministres d'Etat, les pensions de leurs
veuves, les affaires des Elections.

Le *Brevet de retenue* était un raffinement de la vénalité
des charges, une prime offerte à l'intrigue, enfin un agiotage aussi vil qu'onéreux pour le peuple, auquel les acheteurs ou les brevetés reprenaient le prix qu'ils avaient mis
à devenir de hauts fonctionnaires. Nos rois voulaient-ils
accroître la fortune de certains courtisans, ils leur donnaient des brevets de retenue sur des emplois qu'ils avaient
obtenus sans rien payer. Le duc de Richelieu, pour s'acquitter d'une dette contractée au jeu, céda à Dangeau,
pour 500,000 liv., la charge de chevalier d'honneur
de la Dauphine. Un jour le Père Lachaise venait de
confesser le Roi ; il lui demanda la charge de capitaine

des Gardes de la porte pour son neveu ; et le royal pénitent ajouta à ce don un brevet de 100,000 écus. Le maréchal de Bellefond, premier maître-d'hôtel, était accablé de dettes ; il reçut du Roi un brevet de 400,000 liv. On sait que les affaires du gendre de Mme de Sévigné étaient dérangées : il eut sur son gouvernement un brevet de 200,000 livres. Celui du prince de Rohan, sur le gouvernement de Champagne, fut de 400,000 liv. Maillebois et de Chaulnes firent élever jusqu'à pareille somme, l'un son brevet de maître de la garde-robe, l'autre sa survivance de la compagnie des chevaux-légers. Le cardinal Dubois se fit donner de ces brevets pour un million. La Cour s'attacha, par de semblables faveurs, les chefs des Parlemens. Le brevet de premier président de Besançon était de 80,000 liv. : celui du premier président de Grenoble, de 100,000 liv. Parce qu'un prince de Lorraine épousa une D^lle de Noailles, le brevet sur la charge de grand-écuyer fut élevé à un million. Coëtlogon, brave marin, honnête homme, fut nommé, en 1716, vice-amiral, au décès de Château-Renaud, dont le fils unique avait épousé une sœur du duc de Noailles. Celui-ci surprit au Régent un brevet de retenue de 120,000 liv. sur cette charge qui n'avait jamais été vendue. On vint demander la somme à Coëtlogon : « J'ai toujours mérité les honneurs que j'ai obtenus, répondit-il, et je ne paierai pas un sou de votre brevet. » Le corps de la marine et le public applaudirent à la résistance de l'amiral. Mais de Noailles n'y perdit rien : s'il eut la honte de rapporter le brevet au Régent, il se fit compter par le trésor les 120,000 liv. Ce duc était président du Conseil des finances.

Comme les charges, les brevets offraient quelquefois de la perte. Boufflers, pair et maréchal de France, acheta, à l'âge de vingt-cinq ans (1669), le régiment Royal-Dragon 110,000 liv. Trois ans après il le revendit 120,000 liv. La charge de colonel-général des dragons lui coûta 150,000 liv.

Quoique son brevet de retenue montât à cette somme,
il revendit sa charge 400,000 liv. Avec une partie de son
bénéfice, il leva un régiment qu'il céda à son neveu, et
qu'il reprit à la mort de celui-ci. Le duc ne gagna rien
sur le prix de 260,000 liv. qu'il avait déboursé pour la
charge de colonel des Gardes françaises. Étant maréchal
de France, il traita avec les héritiers Duras d'une compagnie des Gardes-du-Corps, pour 500,000 liv., valeur
qu'il se fit assurer par un brevet de retenue (1704). Mais
Beauvilliers, duc de Saint-Aignan, fut moins heureux. Il
avait payé comptant 300,000 liv. la lieutenance-générale
du Havre, en 1664 : quinze ans après, il ne put trouver
de cette charge que 150,000 liv. Il obtint, comme indemnité, un brevet qui lui procura, ainsi qu'à sa femme, les
honneurs du Louvre.

Une autre sorte d'affaires consistait dans les *survivances*.
Il y en avait pour toutes les charges. Les femmes étaient
fort occupées à obtenir ces divers brevets. La duchesse
d'Albret fit de son fils aîné le survivancier du grand-
chambellan, et de son neveu, duc de la Trémouille, enfant de neuf ans, un survivancier de premier-gentilhomme. Ce système se rétablit : nous avons des surnumé-
raires, des Pairs de France en survivance : le dernier recteur de l'Académie de Paris est survivancier d'un aumô-
nier par quartier. La chute du duc de Choiseul, en 1771,
ne consterna les Grands que parce qu'ils se flattaient que
la haute Noblesse aurait exclusivement les survivances des
secrétaireries d'Etat. Madame de Praslin avait dit en par-
lant de ces places et des gens de robe : « C'en est fait :
ces charges ont passé dans nos mains (désignant par
là les grands seigneurs) : ces petits bourgeois n'en tâte-
ront plus. » Mazarin avait donné une règle contraire à
Louis XIV: « c'était d'éloigner du Gouvernement cette Noblesse factieuse, qui, ne voyant dans le Souverain que
l'usurpateur de ses droits, et dans le peuple que son an-

cien esclave échappé de la chaine, tendait sans cesse à reprendre d'un côté le pouvoir, à opprimer de l'autre ; toujours liguée secrètement contre l'autorité du Prince et la liberté des sujets. »

CHAPITRE VIII.

Les Traitans et les Seigneurs.

Tous ces moyens de s'enrichir et de se perpétuer dans les charges ne pouvaient rassasier la Noblesse. Ses biens étaient immenses, mais elle ne savait pas les administrer : ses emplois lui rapportaient des traitemens énormes, mais son luxe était effréné ; et si le jeu procurait à plusieurs des capitaux pour acheter des charges, souvent les perdans étaient aussi des Nobles. Le duc de Mortemart ayant perdu au jeu une somme très-forte, vendit son régiment. Vers cette époque (1710), Fomboisard, préférant la vie paisible des champs aux fatigues des camps, céda son régiment de dragons pour une terre de 4,000 liv. de rente. C'était six cents un tiers par cent de bénéfice ; car la terre, à cause de la rareté de l'argent, se vendait au denier quarante, et Louis XIV avait fixé à 22,000 livres le prix de chaque régiment de cavalerie. Le comte de Grammont n'avait pu vendre que 30,000 liv. le régiment le plus ancien de dragons, et composé en entier de gentilshommes. Quant à l'infanterie, il n'y avait pas de cours bien marqué : des colonels traitaient de leurs régimens pour 15 à 20,000 liv. ; on en trouvait même à 8,000 liv. La hausse ou la baisse variait en temps de paix et en temps de guerre, et on remarqua qu'après la fatale journée d'Hochsted, des colonels propriétaires rabattirent de leurs demandes. Le jeu était si énorme qu'on ga-

gnait ou qu'on perdait, dans une soirée de Marly, les
valeurs d'un corps d'armée, même d'une armée : un marin
en remporta le prix d'un brevet de vice-amiral. Le procureur-général de Lyon gagna 25,000 livres à la princesse de Modène qui se rendait en Italie : c'était le tiers
du prix de sa charge.

Il serait étonnant que, parmi tant de seigneurs à la
piste des affaires, aucun n'eût ouvert l'avis de pour-
suivre les traitans. Ces gens, les plus adroits à dilapider
les revenus publics, s'en composaient d'immenses pour
eux. Leur ambition égalait leur cupidité. Les Grands,
pour ne pas se laisser vaincre en faste, dérangeaient leurs
affaires, contractaient des dettes qu'ils ne payaient pas,
et reprenaient en sous-main une partie des bénéfices faits
par les financiers sur le peuple. Colbert avait déjà soumis les traitans à un *visa :* c'était avouer tous les vices
de l'administration. Tantôt Louis XIV tira de ces maltôtiers 25 millions, et puis 20 millions ; tantôt, au lieu
de les envoyer à la Bastille, il caressa leur vanité. Les
Grands, à leur tour, se firent courtiers d'affaires ; les
premiers hommes d'Etat n'eurent pas honte de s'en-
rôler dans les pirateries financières ; les grands seigneurs allèrent à l'affût des prévarications, ou simple-
ment des recouvremens oubliés. Ils dénonçaient, soit
que les poursuites étant à leurs frais, ils prissent tout ou
la plus forte part des confiscations, soit qu'exempts des
chances des poursuites, ils eussent, comme primes, des
gratifications. Prôneurs ou créatures des ministres, ils en
obtenaient des brevets pour s'associer aux profits des
maltôtiers et aux traités des partisans. De 1689 à 1709,
les traitans se partagèrent entre eux 266 millions, pour
remises et autres bénéfices. Avant que le trésor reçût
730 millions, ils avaient gagné 366 millions. Forbonnais démontre que les compagnies financières qui traitèrent
avec le Gouvernement, depuis 1726 jusqu'en 1754, rem-

portèrent de bénéfice 1,182,582,617 liv. Cette somme,
qui surpassait la masse du numéraire en circulation,
fut la proie de 800 familles au plus, et procura à chacune un bénéfice de près d'un million et demi.

Le juge le plus sévère de l'administration de Louis XIV
fut son successeur, qui, subjugué à son tour par des maîtresses et par la Cour, laissa les dilapidations et les concussions s'accroître encore. Louis XV dit, dans ses dé-
clarations de 1716 : « Les traitans ont élevé leur fortune
sur la ruine de l'Etat et des particuliers... Du sein des
calamités publiques sont sorties les fortunes immenses et
précipitées de tous ces hommes nouveaux qui se sont en-
graissés du sang de nos peuples ; jusque là que les richesses
d'un seul feraient le bonheur de cent familles, et suffiraient pour rétablir des villes entières qui ont été ruinées
par leurs exactions. » Une opposition constitutionnelle
aurait empêché la création d'une chambre de justice ; véritable commission chargée de punir par l'arbitraire, les
déprédations d'agens que le Gouvernement avait, depuis si
long-temps, enhardis par l'impunité. Mais le despotisme
remplit la Bastille de prisonniers, et il soumit au contrôle de cette *Chambre ardente* 4,410 personnes, presque toutes sans patrimoine, suivant leurs propres décla-
rations : la valeur de leurs biens s'élevait à près de 800
millions. Le Gouvernement s'était promis, de cette mesure 300 millions, et il n'en retira que 70 millions,
suivant Voltaire, Marmontel, Millot et M. Ganilh, et
seulement 15 millions, si l'on en croit M. Lacretelle.

C'est que des familles puissantes se trouvaient impli-
quées dans ces rapines. Elles furent si actives dans leurs
sollicitations que le Régent, qui avait promis de garder
une égale justice, fit grâce aux *grandes notabilités*. Les
demandes en réduction des taxes imposées aux traitans
fournirent aux seigneurs de la Cour une spéculation très-
lucrative. Ces agens d'affaires titrés offrirent et vendirent

au rabais leur protection. Un partisan, taxé à 1,200,000 liv., répondit à un seigneur qui lui offrait sa décharge moyennant 300,000 liv. : « Ma foi, M. le Comte, vous vous présentez trop tard ; le marché en est fait avec Mme de *** pour 150,000 liv. » Un trésorier de la guerre pour la généralité de Caen, et un perruquier de Paris, furent condamnés aux galères ; mais le duc d'Ossune put léguer 40,000 liv. à Saint-Sulpice, et un autre financier compta le prix de 8,000 messes, afin de procurer quelque repos à son âme. Paparel, autre trésorier de la guerre, fut condamné à une détention perpétuelle : son gendre, le marquis de la Fare, obtint pour lui-même la confiscation de ses biens : ce *roué* eût pu faire sortir de prison son beau-père ; mais celui-ci aurait exigé sans doute la restitution de ses biens. Des chansons et des bons mots exprimèrent le mépris public pour ces vils protecteurs. Les taxes qui furent payées devinrent, dit Duclos, la proie des femmes perdues ou intrigantes, et des compagnons de débauche du Régent : Nocé eut pour sa part 600,000 liv.

Un prêtre, c'était un Sulpicien, alla déposer que Bourvalais avait inscrit sous son nom pour 50,000 liv. de contrats à l'Hôtel-de-Ville, et ce dénonciateur reçut 100,000 liv. ; le reste fut confisqué par la Chambre. Ce Bourvalais, huissier de village en Bretagne, puis lancé dans les affaires par la famille Pontchartrain, avait amassé une fortune de plus de 600,000 liv. de rente. L'hôtel de la Chancellerie fut bâti par lui ; *Monsieur*, des princesses firent des parties chez lui et chez Samuel Bernard. De sa maison de Champs, dans la Brie, Bourvalais fit un palais enchanté, et profitant de la misère de ses voisins, il acheta à vil prix quatorze villages aux environs. Il possédait un second hôtel sur la place Vendôme, dont le prix aurait dû servir à acquitter ses dettes ; mais la maréchale d'Estrées et la duchesse d'Albret demandèrent cette propriété confisquée, et le Régent en fit don à la duchesse, parce qu'elle était en maison de loyer. Il est remarquable que le Garde-des-sceaux et le Ministre des finances habitent deux hôtels confisqués par la Chambre de justice. D'Aguesseau, qui s'établit dans l'hôtel de la Chancellerie, dit à cette chambre en lui annonçant sa dissolution : « A la vue d'une multitude de criminels qui, par le *mélange du sang et des fortunes*, ont su intéresser jusqu'aux parties saines de l'Etat, le public effrayé tombe dans une espèce de consternation et d'abattement qui fait languir tous les mouvemens du corps politique. »

La banque de Law et la caisse d'amortissement, le *Système* et l'Indemnité présentent divers rapports entre eux. La révolution financière opérée par l'Ecossais a laissé des traces encore subsistantes sur notre sol et dans la répartition des fortunes. Combien de propriétés confisquées sur l'Emigration qui durent leur origine au Système ! C'est dans une des rues les plus maussades de la capitale que la fortune semble avoir établi son temple : le vulgaire des agioteurs se presse, se tue sur le pavé ; quelquefois la cupidité y rétablit l'égalité naturelle ; mais les courtisans ont bientôt franchi le seuil de l'hôtel de l'aventurier. Parvenus dans les appartemens de Law, ils se tenaient sur son passage pour obtenir la faveur de quelques mots ; jamais, à Marly, un coup-d'œil n'avait été plus recherché. Le duc de Bourbon et le prince de Conti ne furent pas les moins empressés ; le premier gagna, avec sa mère, près de cinquante millions ; le second, réalisant ses billets au moment de leur dépréciation, traversa la foule indignée avec trois chariots chargés d'espèces. Venaient ensuite les Rohan, les Guise, les de Loges, les Louvigny, etc. ; enfin on ne citait guère à la cour que d'Aguesseau, Villars, la Rochefoucault et Villeroi qui se fussent préservés de la contagion. L'enchanteur Law vanta, avec une astuce qui ne nous est plus in-

connue, les richesses des bords du Mississipi : ce devait
être un vrai Eldorado. Mais si l'auteur d'Attala a vu,
dans cette partie de l'Amérique, une colonie déployant
ses voiles d'or, les colons étaient des serpens, des hé-
rons et des crocodiles. Cependant les ducs de Guiche,
de Noailles, de la Force, tous les Grands se firent distribuer des portions immenses de terre sur les rives du Mes-
chacebé, pour y fonder des villages dont ils comptaient devenir les suzerains. Ils rêvaient à établir la féodalité dans
une terre vierge des usurpations de la puissance, et
qu'habitaient des sauvages, enfans de la nature; ils
décidaient que leurs noms seraient portés par ces contrées près desquelles la liberté consacra, soixante ans
plus tard, les noms immortels des Wasingthon, des
Lafayette.

Les Grands échangeaient en riant leurs titres de ducs et
pairs, de princes, contre le sobriquet de *Seigneurs mississipiens*. Les théologiens molinistes déclaraient que l'a-
nathème lancé par l'Eglise contre l'usure ne s'étendait pas
au commerce des actions; des agens du Clergé et des
moines se firent agioteurs; des prélats se disputèrent
l'honneur de recevoir l'abjuration de Law, qui voulait
être contrôleur-général. Tencin, depuis cardinal, le plus
grand opprobre du Clergé, si Dubois ne l'avait été, gagna
à cette conversion un magnifique présent d'actions et de
billets qui lui aida à braver l'opinion publique. Alors les
églises de Saint-Sulpice et de Saint-Louis étaient con-
struites avec les bénéfices de loteries.

« J'ai vu Law, dit Voltaire, arriver dans les salles du
Palais-Royal, suivi de ducs et pairs, de maréchaux de
France et d'évêques. » Les femmes pouvaient-elles résis-
ter à la plus aveugle illusion? Elles vendirent ou engagè-
rent leurs bijoux pour acheter des actions. Il n'y avait pas
de ruses dont elles ne se servissent pour arriver à Law,
car il ne pouvait plus parler à toutes. Une duchesse lui

baisa la main ; s'il l'avait voulu , les plus hautes titrées lui
auraient baisé autre chose. C'est avec cette franchise ger-
manique que la mère du Régent raconte qu'un jour qu'il
donnait audience à des dames , il cherchait à se retirer ,
ayant un si grand besoin de p..... qu'il n'y tenait plus.
Elles le retinrent , et ayant reçu sa confidence : Oh ! si ce
n'est que cela , dirent-elles , cela ne fait rien; p..... toujours et écoutez-nous : ce qu'il fit , et elles parlèrent. Ces
dames se souvenaient du propos du duc de Villeroi : « Il
faut tenir le pot-de-chambre aux ministres tant qu'ils sont
en place , et le leur verser sur la tête quand ils n'y sont
plus. » Des princesses même s'honorèrent de monter dans
le carrosse de l'épouse de Law , ou plutôt de sa concubine.
Toutes savaient que si Mme de Parabère , maîtresse du
Régent , n'avait reçu que douze actions , Nocé les avait
fait tellement fructifier, que ces actions et quelques présens de l'amant avaient procuré à cette dame 80,000 liv.
de rente.

Un bossu gagna , dit-on , 150,000 liv. à faire de sa bosse
un pupitre dans la *rue* ; de Nanthia , oncle d'Amelot , qui
devint ministre , prêta aussi son dos moyennant une gratification. Le prince de Carignan porta envie à ces mignons
des agioteurs : la place Vendôme étant devenue le théâtre
des négociations , il prétexta l'embarras qui en résultait
pour la circulation , et proposa son hôtel de Soissons. Il
fit construire dans le jardin une quantité de petites bar-
raques dont chacune se louait 500 liv. par mois : le tout
lui rapporta 500,000 liv. dans une année; car le prince
s'était fait donner la police de ce grand tripot. Enfin l'heure
du réveil sonna : la chute, pour beaucoup , fut aussi rapide que l'avait été l'élévation ; mais les Grands échappèrent à la dépréciation des billets ; ils déployèrent tout
leur crédit pour se faire payer à la Banque le montant de
leurs actions : d'agioteurs ils devinrent brocanteurs , acca-
pareurs. C'était déjà une amélioration dans les idées ; ces

brocanteurs, sous le règne précédent, avaient été des *espions.*

Fameux entre les Mississipiens, le comte d'Evreux fit bâtir le bel hôtel de ce nom dans la rue Saint-Honoré, acheta pour 320,000 liv. le gouvernement de l'Isle-de-France, qui rapportait de revenu net 22,000 liv., et obtint un brevet de retenue de 200,000 liv. Les plus avisés se hâtèrent de réaliser leurs profits scandaleux. Les Jésuites ne furent pas les moins empressés : lorsque avec mille écus on payait 18,000 liv. de dettes, ils éteignirent les leurs par ces remboursemens illusoires. La plupart des maisons religieuses les imitèrent. Les biens ruraux s'élevèrent à un si haut prix que les terres de 15 et 20,000 liv. de revenu furent vendues jusqu'à un million. Le duc de Luxembourg reçut, en espèces, 2,600,000 liv. pour sa terre de Ligny. Le petit-fils du grand Condé fit rebâtir Chantilly, qui, chef-d'œuvre des arts, fut aussi un monument de la cupidité de son maître.

D'Antin spécula principalement sur les porcelaines : toutes celles qui se vendaient à Paris étaient fabriquées en Chine sur des modèles envoyés de France. D'Estrées, qui, par ses services sur mer, avait mérité le bâton de maréchal, acheta avec les actions que Law lui avait données, des livres, des étoffes, des diamans, des curiosités ; il amassa 52,000 volumes, rares la plupart, et qui, toute sa vie, restèrent en ballots. On ne comptait qu'un très-petit nombre de Pairs qui n'eussent pas réalisé leurs actions et acheté des terres. Le Parlement eut à juger, malgré l'opposition des Ducs, le procès fameux de la Force. Ce duc et pair, le principal complice de Law, avait acheté des denrées de toutes sortes que les Grands-Augustins avaient recélées. On saisit dans leur couvent pour 1,500,000 liv. d'épiceries fines. Il fut prouvé aussi que deux associés de Laforce avaient accaparé, un vicomte les avoines, un marquis les suifs et les foins : tout fut confisqué.

Ces accaparemens firent disparaître l'argent. Le Parlement de Bretagne défendit à tout *étranger*, c'est-à-dire, à tout Français non domicilié dans la province, d'acheter du beurre, de la cire, etc. L'arbitraire acheva de tout perdre. Le Gouvernement, en contraignant chacun de ne garder au plus que 500 liv. d'argent chez lui, provoqua la délation sans pouvoir atteindre les agioteurs nobles, parce que leurs priviléges les garantissaient des perquisitions. Le Conseil ordonna que chaque porteur de papiers fût soumis au *visa*, et il fit défense à tout Français, *sous peine de la vie*, de sortir du royaume. Mais parmi les Mississipiens, plusieurs se retirèrent à l'Étranger, quelques-uns furent ramenés des frontières : ils conservèrent tous leurs richesses, tandis que cinq cent onze mille individus subirent une confiscation de 52▪ millions en billets. Le rentier de l'État ne reçut rien ; le commerce fut anéanti ; et les Grands insultèrent encore à la misère publique par le luxe qu'ils étalèrent aux fêtes du sacre de Louis XV. Ce faste fut une nouvelle spéculation, et il leur procura ensuite d'autres faveurs. Qu'était-ce que la justice? Comme les devoirs de roi étaient pratiqués! Comme la Cour les respectait!   •

Au commencement du xviiie siècle, les petits emplois de la finance étaient le partage des laquais ; un Noble se serait cru avili en devenant financier. Mais le *Système* fit rechercher toutes les places par les gentilshommes. Ainsi de nos jours, la Noblesse ne trouve pas assez d'emplois salariés ; des écuyers tiennent des débits de tabac, des comtes sont dans les octrois. La plupart des financiers avaient soustrait leurs richesses au *visa :* les seigneurs abjurèrent l'orgueil de la naissance ; ils spéculèrent sur les dots, et des ducs épousèrent des filles de maltôtiers. Qui sait? il y a peut-être plus de sang roturier dans le faubourg réputé noble par excellence, que dans tel autre quartier de la capitale. Combien d'hôtels magnifiques sont des monumens, et de la rapacité des courtisans, et des rapines des fermiers généraux ! Le superbe hôtel Lambert, bâti par un traitant, devint la propriété d'un autre nommé Lahaie. En 1716, Silhouette, qui fut ensuite ministre, rendit au trésor 350,000 liv. ; Orceau de Fontette, depuis intendant de Caen, plus de 700,000 liv. Goujon de Gâville, près de 1,500,000 liv. Le Conseil taxa à 200,000 liv. Poudre, dont la fille épousa le maréchal de Clermont - Tonnerre ; à 2,600,000 liv. Oursin (de Montchevreuil), fils d'un chandelier de Caen, et qui eut pour gendre Chauvelin ; à 4 millions Samuel Bernard, allié aux plus grandes familles, et qui, juif de naissance, s'était fait catholique. Pelletier, depuis contrôleur-général, Leblanc, Belle-Isle, etc., furent contraints aussi à des restitutions.

Les fermiers-généraux cachèrent leur origine sous des noms illustres de la Noblesse qui les adopta. Adine, ex-garçon marchand de vin, fut le marquis de Villesavain. Le cardinal de Fleury fit un fermier général, un titré, de Lallemand, qui lui avait compté 200,000 liv. pour des *œuvres pies*. Brissard, autre protégé du ministre, et qui vola de toutes les manières, devint seigneur de Triel, et propriétaire de l'hôtel d'Armenonville. Le partisan Garnier, qui se disait seigneur de 16 millions, maria une de ses filles au comte de Brancas : de cette union naquit l'intrigante duchesse d'Harcourt, dont le mari était de la maison de Lorraine. Delay, laquais, puis financier, fit de son fils le gendre du marquis de Fénélon. La maréchale de Villars était fille de Piron, partisan. Le neveu du maréchal, le marquis d'Oise, âgé de trente-trois ans, épousa moins la fille d'André (agioteur), qui avait trois ans, que 20,000 liv. de rente, et un capital de 600,000 liv. Hocquart maria une de ses filles au duc de Cossé-Brissac. Le Monnier, d'Elbœuf, épousa une servante de cabaret, dont le duc de Luxembourg fit sa maîtresse ; sa petite-fille fut comtesse de Clermont-Resnel. Grimot de la Reynière, Bouret, de la Poupelinière, Roussel et tant d'autres, ont laissé des noms presque aussi fameux que celui de Le Normand d'Étioles, époux de la Pompadour, qui gouverna la France depuis 1745 jusqu'en 1764.

Le cardinal de Fleury, afin de rétablir les affaires du trésor, avait de plus en plus attiré les traitans à la Cour, et favorisé leurs alliances avec la haute Noblesse. Ce système de crédit prit encore de l'extension jusqu'en 1789. Il contribua à rabaisser l'orgueil de la naissance. On se moqua du vieux duc de Chatillon, renommé parmi les convulsionistes, et qui épousa la veuve d'un Intendant, parce qu'elle lui apportait 150,000 écus pour lui, et une semblable somme pour son fils. On ne fut pas choqué du mariage du duc de Bouillon avec la fille de Crozat; mais le public vengea, par le mépris, ce négociant célèbre, de l'outrage que lui avait fait le fameux comte d'Evreux, colonel général de la cavalerie, et qui se croyait prince. Il avait obtenu une autre fille de Crozat. La cérémonie du mariage ne fut pas plutôt achevée, qu'il emporta la dote, qui était de 1,200,000 liv. , et laissa sa femme. La succession de Crozat fut évaluée à plus de 21 millions.

CHAPITRE IX.

Pensions, Gratifications, Echanges, Domesticité.

UNE autre source intarissable des richesses de la Noblesse fut la caisse des pensions. Le duc de Bourgogne n'était pas plus hardi quand il répétait, dans les galeries de Versailles, *que les rois sont faits pour leurs peuples, et non les peuples pour les rois,* que lorsqu'il disait, dans les appartemens de Marly : *Les rois ne devraient jamais donner de pensions, parce que, n'ayant rien à eux, ce ne peut être qu'aux dépens du peuple.* Mais Dubois répétait la maxime constante de Louis XIV, quand il dit à Stanhope : « Le roi de France jouit de la portion des revenus de tous ses sujets qui lui convient : il peut se regarder, à bon droit, comme le propriétaire du territoire entier de son royaume. — Comment donc, l'abbé, s'écria le Lord, auriez-vous fait votre cours de droit en Turquie? »

Des menins touchaient des gratifications, et le trésor épuisé ne pouvait plus fournir de fonds aux académies. « Louis XIV, dit Voltaire, s'est immortalisé par ses fondations en faveur des sciences et des arts, et cette immortalité ne lui a pas coûté 200,000 liv. par an. » En effet, 53,000 liv. en pensions pour les nationaux, 16,300 liv. pour des savans étrangers ; enfin 31,566 liv. pour des gratifications, telles ont été les libéralités les plus considérables que ce roi ait faites aux Académies. Mais les dépenses du plomb employé aux châteaux de Versailles s'élevèrent à 32 millions. De Memont jouissait de deux pensions de 5,000 liv. et de 4,000 liv. pour les leçons d'équitation qu'il avait données aux ducs de Bourgogne et de Berry. La veuve et les enfans de Racine n'avaient qu'une pension de 2,000 liv. Catinat n'était pas payé de son traitement, lorsque Mlle d'Armagnac, qui avait refusé de se marier à un prince étranger, touchait sur le trésor une pension de 30,000 liv. Du Guay Trouin, après sa glorieuse campagne de 1707, n'accepta pas de pension ; mais de Cazans, maréchal-des-logis du duc de Berry, en prit une de 8,000 liv., et il exploita avec le fameux Bontems, valet-de-chambre, le privilége des brouettes (chaises à porteur). Parce qu'un officier ramassa et remit une perle précieuse qui s'était détachée de l'habit de Louis XIV, il eut et une pension et un brevet de lieutenant-colonel, tant la probité était rare. La maison de Rohan s'opposa au mariage de Montauban avec la fille d'un banquier : ce refus valut aussi à Montauban 12,000 liv. de pension. Louis XIV dit à la duchesse de Verneuil, en lui accordant une pension de 12,000 liv., qu'il avait honte de donner si peu (1).

Vivre avec *l'argent du Roi* était réputé par l'Aristocratie un bonheur et une gloire : ainsi on dit à présent *Trésor royal, Dette publique,* quoique, suivant la Charte, dette et trésor, *tout soit national.* L'Assemblée des Notables de 1626 avait décidé que les entretènemens et pensions subiraient une grande réduction, surtout qu'il serait fait un état par chaque année, qui contiendrait le nom de ceux qui en devraient jouir, sans que désormais personne pût être porté sur cet état, autrement qu'en vertu de lettres-patentes enregistrées en la Chambre des Comptes. Mais cette mesure prise par des États-Généraux gênait le despotisme de Louis XIV et la cupidité de sa Cour. En 1678, le Roi ordonna que les pensions et gratifications seraient passées et allouées sur les simples quittances des parties prenantes, les dispensant de rapporter aucunes lettres-patentes enregistrées en la Chambre des Comptes, et ce tant qu'il prendrait le soin et l'administration de ses finances. Les pensions ne s'élevèrent en 1682 qu'à 1,389,453 liv., et en 1715 elles coûtèrent à l'État 7,021,700 liv. A la mort de Louis XIV, le trésor de l'État ne possédait que 7 à 800,000 liv. Dans cet excès d'épuisement, aucun ministre n'osait parler de recourir à l'épargne du

_____

(1) C'était environ 24,000 fr. Henri IV donna à une autre marquise de Verneuil 100,000 écus. Sully fit porter chez elle cette masse d'argent. Instruit alors par ses yeux de ce que sont 100,000 écus, le Roi recula d'étonnement. Anne d'Autriche annonça un jour au Conseil de régence, qu'elle présidait, qu'elle venait de donner à sa femme-de-chambre les quatre fermes : il fallut lui expliquer que ces fermes étaient les ressources du trésor public. La Reine n'avait cru donner que quatre domaines ; elle rit de sa méprise. C'est de cette manière à présent que l'on prodigue un milliard à l'Emigration, un milliard à l'agiotage.

Roi (sa cassette) : tant le plus personnel des rois, dit Marmontel, avait accoutumé tout ce qui l'approchait à regarder comme sacré ce qui intéressait le faste de sa Cour ; mais il ne chargea pas la renommée de publier de faibles secours accordés à l'extrême misère, et qui, comparés en masse avec les immenses revenus de son domaine, auraient décélé ou l'avarice ou une bienfaisance hypocrite.

Les revenus libres de 1716 étaient de 75 millions, et les dépenses s'élevaient à plus de 90 millions. Si l'on évaluait l'argent en circulation à 1,100 millions, la variation des monnaies, l'infériorité des exportations avec les importations, les suites de la guerre, réduisaient la masse du numéraire à 5 ou 600 millions. En 1690, il est vrai, Louvois et Lepelletier n'évaluaient qu'à 200 millions la monnaie ayant cours dans le royaume. Les courtisans à qui il n'était rien dû, et qui prétendaient aux libéralités du jeune Roi, ceux qui étaient chargés de dettes, trouvaient l'expédient d'une nouvelle banqueroute aussi légitime qu'il était commode : heureusement la Régence adopta l'économie. Elle était un devoir d'autant plus impérieux pour le duc d'Orléans, que sa seule maison coûtait au trésor plus de 2 millions. Il est curieux de lire, dans la Correspondance de Mme de Maintenon et de Mme de Caylus, quelle affliction causa aux femmes de la Cour la révision de leurs pensions. Mais bientôt le duc d'Orléans fit de fortes pensions aux Grands qui avaient contribué à lui assurer la Régence, et à ceux qui avaient conspiré pour la lui enlever. Le prince d'Auvergne, ayant donné l'idée des bals de l'Opéra, eut une pension de 6,000 liv.

D'Effiat, Canillac, Broglie, toute la tourbe des *roués* reçurent des gratifications. Mon fils, dit *Madame*, m'a donné, comme à tous ceux de la famille royale, 2 millions en actions. Le jeune Roi distribua jusqu'à 20 millions à ses officiers. Le duc de la Châtre obtint 600,000 l. en actions ; Rouillé du Coudray, 200,000 liv. ; Courtenay fils, 200,000 liv. ; le poëte La Fare, capitaine des gardes, 600,000 liv. ; le duc de Tresmes, 600,000 liv. Les femmes de la Cour reçurent aussi des gratifications. Mme de Châteauniers, dame d'atours, eut 800,000 liv. ; la maréchale de Rochefort, 600,000 liv. ; Mme de Clermont-Tonnerre, 100,000 liv. ; Mme de Fontaine-Martel, 200,000 liv. ; la duchesse de Villars-Brancas, 400,000 liv. D'autres préférèrent des pensions, et Mlle de Melun en obtint une de 6,000 liv. ; la comtesse de Grammont-Biron, une de 8,000 ; la princesse de Montauban, une de 20,000 : la pension de la duchesse de Brancas fut de 10,000 liv. ; celle de la maréchale des Lorges, de 12,000 liv. Le frère du prince de Chimé eut 10,000 liv. de pension; Chamilly, 12,000 liv. ; Vendôme, grand-prieur de Malte, reçut 9,000 liv. par mois.

Hamilton, disait en voyant passer les courtisans de Louis XIV dans la galerie de Versailles : « Il n'y a pas là un homme qui ne soit prêt à se faire éreinter pour un million et une aune de ruban. » C'était un haut prix qui se soutint du temps de la Régence, qui baissa sous le ministère de Fleury, qui se releva sous les règnes de la Pompadour et de la Dubarri. Il n'y eut d'économie que sur le ruban, car chacun se contenta de quelques centimètres de *faveur*. Les pensions, en 1759, montaient à près de 11 millions. Deux armées de terre et la marine à entretenir, le trésor entièrement vide, les peuples écrasés d'impôts, le crédit perdu et les Traitans vendant leur secours au prix le plus usuraire ; tel était l'état des affaires de la France, engagée dans une guerre malheureuse depuis 1756. Silhouette entreprit de soumettre les pensions à un *visa* sévère. Mais la Cour, alarmée de ce projet, fit chasser le ministre. Le duc de Choiseul assigna, pour les grâces à donner, l'extraordinaire des guerres ; et la totalité des pensions de ce seul département s'éleva, dans l'espace de onze années, à 11 millions, et les autres ministères en étaient grevés aussi pour 4 millions. Cette masse, soumise à une réduction du dixième par l'abbé Terray, s'accrut tellement de 1781 à 1789, que le Comité des finances déclara à l'Assemblée constituante que les pensions évaluées à 28 millions, et par Necker à 32,566,000 liv., se montaient dans la réalité à plus de 35 millions. *C'était le dixième des revenus nets de l'État.*

Les provinces, qui remplissaient le trésor public, incessamment vidé par la Cour, étaient contraintes en outre à fournir des supplémens de traitemens et des pensions. La Guyenne fut grevée d'une pension de 30,000 liv., au profit de la duchesse de Chevreuse. La pension du prince de Conti était de 70,000 liv.; elle fut élevée à 100,000 : il lui naquit un fils, et le Trésor eut à fournir encore une pension de 60,000 liv. Le Gouvernement de Poitou rapportait au titulaire 40,000 liv. : il fut augmenté d'une pareille somme lorsque la survivance en fut donnée au même prince. Le cruel comte de Charolais fut imposé pour gouverneur à la Touraine; cette province dut lui payer 40,000 liv. en augmentation de traitement. La nomination de Castries au gouvernement du Languedoc coûta, par an, aux États 12,000 liv. d'extraordinaire. La plupart des sessions des États provinciaux ressemblaient à celles de Vitré, *qui s'ouvraient par des menuets,* raconte madame de Sévigné, *où l'on buvait tant de vin, jouait le Tartuffe, et où l'on ne disait pas un mot : voilà qui était fait.* Mais les États de Bretagne de 1671 durent voter, pour deux ans, 100,000 écus de gratification aux principaux officiers : la part de la gouvernante fut de 2,000 louis. Plus économes, les États du Languedoc n'accordèrent que 12,000 liv. à La Fare; mais ce *roué* toucha sur le trésor 50,000 liv. de gratification. Il fallut que les États de Bretagne, en 1724, donnassent 30,000 liv. au maréchal d'Aligre, 15,000 liv. à la maréchale, 9,900 liv.

à leur fille, 10,000 liv. au comte de Rivière, 8,000 liv.
au marquis de Caraman, etc.; et la ville de Rennes venait
de perdre, par un incendie, huit cents maisons. Quelle
indépendance pouvaient avoir les États provinciaux, quand
les gentilshommes de Bretagne, les prélats et barons du
Languedoc recevaient des pensions sur le Trésor royal?

L'Indemnité était déjà connue à la Cour. La plupart de
ceux qui faisaient des échanges avec le Domaine royal al-
léguaient ensuite des lésions, et réclamaient des dédomm-
magemens. « Louis XV, dit M. de Ségur, voulait le repos
à tout prix; les courtisans voulaient de l'argent à toute
heure. » Pendant la minorité de ce roi, des domaines furent
cédés au comte de Belle-Isle, en échange de l'île du même
nom sur les côtes de Bretagne. Des recherches prouvèrent
une lésion énorme : quoiqu'elle renfermât cent vingt-trois
villages, cette île ne rapportait au Roi que 34,000 liv.,
tandis qu'il résulta des baux et contrats passés par le comte,
que les domaines échangés lui produisaient 110,000 liv. :
et il osait encore réclamer sur l'île 10,000 liv. de droits
annuels. Ce Belle-Isle, devenu maréchal de France,
vendit au Roi, en 1759, le duché de Gisors estimé
4 millions, pour le prix de 2,666,000 liv., parce qu'il
s'en réservait l'usufruit : il mourut deux ans après. On
proposa en 1728, au Conseil, qui cette fois rejeta l'*avis*,
d'échanger treize paroisses dans l'Angoumois, contre quelques arpens de terre situés dans le parc de Versailles. Des
gens de la Cour insinuèrent à des particuliers de céder
leurs terres à des tiers qu'ils leur désignèrent; ils s'enten-
dirent avec ceux-ci pour revendre au Roi des biens que les
propriétaires avaient plutôt cédés que vendus. Un marquis
de Grancey échangea une maison ruinée dans l'enceinte
du Louvre, et estimée au plus 15,000 liv., contre des
bois qui valaient 50,000 liv., et contre des terres affer-
mées plus de 3.000 liv.

Alors que les Grands se composaient de tous ces élémens

divers des fortunes immenses, peut-on blâmer les expédiens employés par les officiers du gobelet et de la bouche?
Le cardinal de Fleury se plaisait à raconter, entr'autres
anecdotes, que le Dauphin (Louis XV) ayant eu envie
d'une poire, la gouvernante en fit acheter deux, et le
prix en fut porté sur les registres à 10 liv. Le Dauphin,
père de Charles X, voulant se montrer aux habitans de
Paris, en 1737, alla se promener jusqu'aux Tuileries. Ce
prince encore enfant revint ensuite dîner au château de la
Muette, avec six jeunes seigneurs. On apprit, quelques
jours après, que ce repas avait été mis en compte pour
2,000 écus.

Le vol reconnu procurait même des pensions. Cavois,
grand maréchal-des-logis, avait fait rendre un navire jugé
de bonne prise, à un négociant qui lui avait compté
30,000 liv. Louis XIV cassa l'arrêt du Conseil; et Cavois,
obligé à restitution, tomba en disgrâce : quelque temps
après il eut une pension de 6,000 liv. Le duc de Grammont s'est rendu fameux par ses escroqueries. La haute
société continuait d'admettre dans ses cercles Pomenars,
Charnacé, Falari, etc., convaincus de vol et de fausse
monnaie. Une lampe d'argent fut dérobée dans la chapelle
de Saint-Germain-en-Laye. Le fils du voleur avoua que
la misère avait réduit son père à commettre ce crime. C'é-
tait un homme de grand nom, et le Roi lui donna une
pension (1).

_____

(1) Les vols étaient très-fréquens dans les châteaux royaux et dans les
églises, malgré la législation contre le sacrilége. Celle-là ne calomniait pas
son siècle. En 1690, Louvois dit dans un Mémoire : « L'on doit supprimer
toute l'argenterie des fabriques et confréries, celle des hôpitaux, lesquels
sont si endettés. Les églises seraient fort décemment ornées au moyen de
croix et chandeliers de bois dorés, et de bronze doré pour les plus riches.
Il ne faudrait laisser aucune lampe d'argent dans les églises de campagne,
et supprimer toutes les figures des saints et saintes : on éviterait ainsi
des vols et des sacriléges. Louis XIV approuva ce projet ; et il dit aux évêques dans une circulaire : « Il y a beaucoup d'argenterie inutile dans

Tout était vénal, corrompu à la Cour comme dans le Gouvernement. Louis XIV autorisait ses premiers valets-de-chambre à recevoir 150 pistoles à la prestation de serment de chaque lieutenant de roi. Fénélon confiait à l'amitié, en 1689, qu'il ne lui restait plus que 20 pistoles, ayant eu à payer 10 louis d'or aux valets-de-pied pour entrer dans les carosses du Roi. Les cardinaux, à leur présentation chez la Reine, devaient compter 1540 liv. au porte-carreau. Catinat, sur l'insinuation du ministre, paya 3,000 liv. au gentilhomme et au courrier qui lui portèrent son brevet de maréchal. Du sein de cette domesticité sont sortis des Nobles, qui se sont alliés à des familles renommées. Un garçon de chambre, nommé Antoine, fut, étant anobli, M. d'Antoine. Bontems a laissé une grande fortune et un nom fameux. Barjac, premier valet du cardinal de Fleury, se forma une cour d'adulateurs parmi la plus haute volée. Il est vrai que des prélats comprenaient leurs coadjuteurs dans leur domesticité,

---

les églises, qui, étant remise dans le commerce, apporterait un grand avantage à mes sujets. » A présent, on pourrait citer tels villages où l'impôt est augmenté d'un sixième, d'un septième, une année, pour des lampes et des lambris, une autre pour des cloches, etc., etc., etc. Pourtant, le Français n'est pas, comme l'Italien et l'Anglais, amateur de sonneries bruyantes. Les voix des *Muezzinns* ottomans ont une harmonie plus religieuse que nos carillons. Que de villes qui envieraient presque la punition qui fut infligée à Bordeaux ! Ses cloches lui furent enlevées, en 1552, à cause d'une émeute. Quand ensuite on voulut les remonter, le peuple faillit à se révolter, tant, dit-il, il goûtait de repos depuis que le tintamare des cloches avait cessé. Importe-t-il à la Religion que des populations soient informées par les cloches de ces couvens de toutes sortes qui se relèvent par-tout, des actions des religieuses, depuis leur lever jusqu'à leur coucher ? L'Administration ne reconnaît donc aucun danger, pour les malades et les femmes enceintes, à ces sonneries funèbres qui, dès avant le jour, troublent le repos public ? S'il est bien d'orner les temples matériels, il est mieux de pratiquer l'Évangile, qui proclame les pauvres les temples vivans de Dieu. Mais, dans beaucoup d'églises, la pauvreté, reléguée dans des coins obscurs, ne peut pas même entendre les consolations de la religion. (Voir *Sacrilége et Jesuitisme*, in-8°., 1825, par l'auteur.)

que le cardinal de Polignac briguait la faveur d'entrer dans celle du Roi : Mme de Montmorency, dame d'honneur, est traitée par Dangeau de domestique.

L'auteur de *Paris et Versailles* raconte que le comte de Flamarens, en 1735, s'acheminant de la Guyenne vers Paris, entrait dans la forêt de Rambouillet, lorsqu'il tomba au milieu d'une troupe de gens qu'il prit pour des voleurs. C'étaient des marchands réunis pour se rendre adjudicataires d'une coupe de bois. Ils virent en lui un confrère, et ils lui proposèrent 500 louis pour s'éloigner. Cette somme aurait dû être versée dans la caisse des hospices : le comte la garda et amusa la Cour du récit de son aventure. Il y gagna la protection de Barjac. Ce valet obtint du cardinal que Flamarens se rendrait dans un carosse du ministre à l'adjudication des Fermes générales qui allait être passée au Louvre. Les maltôtiers, qui le voient arriver, ne doutent point que ce ne soit un rival, et le protégé de Barjac. Le comte joue bien son rôle, on négocie avec lui, enfin il consent à se retirer moyennant 100,000 écus. Cette somme le mit en état d'acheter une grande charge à la Cour et d'y établir sa famille.

C'est à l'aide de manœuvres semblables et de bien d'autres encore, que tant de fortunes se formèrent et s'agrandirent. Ce qu'il y eut de plus rare dans ces temps réputés à présent si religieux, ce furent les restitutions, quoique tout le monde eût des confesseurs. On cite un chevalier de la Hillère, gouverneur de Rocroi, qui déclara, dans son testament, avoir volé au Roi, c'est-à-dire à l'État, 20,000 liv. Grimod de Beauregard avait amassé une fortune de plus de 2 millions, principalement dans la ferme des Postes. Il légua, en 1754, pour l'acquit de sa conscience, 1,200,000 liv. aux hôpitaux de Paris. Mais sa mère vit dans ce retour à la probité une accusation contre lui-même, au moins l'effet de l'égarement de son esprit

Le testament fut cassé; et l'arrêt du Parlement prononça que, du consentement de cette dame, l'aumône serait de 300,000 liv.

•

~~~~~~

CHAPITRE X.

Traditions des Courtisans.

Parcourez-vous les Mémoires de certains personnages de cet ancien régime, vous n'apercevez le plus souvent que de petits esprits, vaniteux, insolens, rongés d'ambition, d'une cupidité insatiable; avec cela, une moquerie qui insulte à la misère publique, une censure amère contre leurs rivaux, et une feinte apparence de vertus chevaleresques; genre d'hypocrisie qui, inconnu depuis, vient de grossir la corruption qui signale le cours de ces dernières années. Villars ne vante que ses projets : Maurepas se raille du vice ; Richelieu l'avoue et s'en enorgueillit. Noailles déclame contre les abus, mais c'est de regret de n'en avoir pas assez profité. Quelques traits empruntés à ce duc révèleront assez quelles étaient les anciennes traditions de la haute Aristocratie.

Noailles blâme l'indulgence de la Chambre de justice de 1716 : mais il avait contribué lui-même, par son mariage, à appauvrir le trésor public. Voici ce qu'écrivait Mᵐᵉ de Maintenon : « J'établis ma nièce. Il en coûte à mon frère 100,000 liv., à moi une terre (celle de Maintenon estimée 800,000 liv.). Le duc de Noailles donne à son fils 20,000 liv. de rentes, le double après sa mort. Le Roi, qui ne sait pas faire les choses à demi, donne à M. d'Ayen (le futur époux) la survivance des gouvernemens de son père. Il a un beau régiment, on y joindra des pensions. » Or, ces gouvernemens rapportaient, celui

de Roussillon, 38,000 liv., un autre 30,000 liv. Mlle d'Au-
bigné reçut du Roi 300,000 liv. en argent, et pour
500,000 liv. de pierreries. De ce mariage sortirent, entr'autres enfans, un fils qui, joignant à diverses survivances, la capitainerie de Saint-Germain, possédait
100,000 écus de rentes, et il n'avait pas cinq ans! Un
autre Noailles (Jules Adrien), chevalier de Malte, chanoine
de Notre-Dame, était devenu lieutenant-général de la
province d'Auvergne, colonel d'un régiment : il mourut
dans sa vingtième année. De Noailles (deuxième maréchal
du nom) se glorifiait d'être citoyen plutôt que courtisan;
et Louis XV ajoutait que la qualité de citoyen est au-dessus de tout. Cependant son fils aîné était déjà capitaine
des Gardes-du-Corps quand il le recommanda en 1736,
époque d'une promotion. « Si mes fils, écrivait-il, n'ont
pas encore mérité de récompenses par leurs services, cette
grâce anticipée produira en eux une reconnaissance qui
les mettra dans l'obligation de s'en rendre dignes. » Mais
ce fut Grammont, son neveu, qui exposa la France à
tous les dangers par la déroute de Dettingen. Enfin quit-
tant la Cour en 1758, le maréchal demanda la charge de
capitaine des gardes pour un de ses fils qui avait fait deux
campagnes, et celui-ci en fut pourvu avec un brevet de
400,000 liv. Il vient de mourir en 1824.

La veuve du premier maréchal de Noailles forçait, à
l'âge de quatre-vingt-dix ans, le cardinal de Fleury à la
ménager. Mère de neuf filles et de douze fils, elle leur avait
inculqué ce principe : « Tous les membres de la famille de
Noailles ne doivent pas s'attacher à un seul parti : chacun
doit s'avancer par divers moyens et choisir, selon son caractère, des factions opposées, pour se servir respective-
ment ou prévenir les fâcheuses affaires. » Elle confiait à ses
familiers que le confesseur et la maîtresse lui avaient toujours servi également; et elle répondait par un soupir à l'é-
numération des charges de chacun de ses fils et de ses gen-

dres , et des héritages qu'elle avait accumulés sur sa tête :
« Et que diriez-vous donc si vous saviez quels bons coups
j'ai manqués (1)? » Ces traditions se sont conservées. Le
général Lafayette , et Malesherbes , qualifié par le parti
intolérant de *ministre patriote* , avaient défendu la
cause des Protestans dans le bureau de l'Assemblée des
Notables, que présidait M. le comte d'Artois. Un jour,
madame de Noailles (née Cossé-Brissac) voyant entrer dans
une assemblée sa petite-fille, épouse du général, se leva
pour lui céder sa place, et elle la reconduisit en cérémonie, comme la femme, disait-elle, d'un chef de parti
déclaré. Il était déjà un grand citoyen.

« L'ambition dans l'oisiveté, la bassesse dans l'orgueil,
le désir de s'enrichir sans travail, l'aversion pour la vérité, la flatterie, la trahison, la perfidie, l'abandon de tous
les engagemens, le mépris des devoirs du citoyen, la crainte
de la vertu du prince, l'espérance de ses faiblesses, et plus
que tout cela, le ridicule perpétuel jeté sur la vertu, sont,
je crois, le caractère de la plupart des courtisans, marqué
dans tous les temps et dans tous les lieux. » (*Esprit des
lois*, liv. III, chap. v.) D'autres traits encore se sont pré-
sentés dans la Cour de France, hors cette Cour, et toujours dans la première classe de l'Etat. C'étaient une cupidité effrénée, un système constant de déprédation de la
part de familles qui, riches énormément, n'avaient jamais
assez de biens, qui, puissantes, aspiraient encore à plus
de pouvoir. Les preuves que nous avons rapportées sont
diverses, sont nombreuses, parce que c'est par des preuves, bien plutôt que par des aperçus et par des plaidoyers,

---

(1) L'ancienneté de la maison de Noailles est bien moins contestable
que celle de la famille de Richelieu. Cependant celle-ci jugea qu'un mariage avec la veuve d'un Noailles était disproportionné. La douairière de
Richelieu disait à ce sujet, dans l'amertume de sa douleur : Mes neveux
vont toujours de mal en pis. C'était bien la peine que mon oncle (le cardinal) se damnât !

que la grande question des Indemnités doit être méditée, discutée et jugée.

Combien de faits, également puisés dans les sources historiques, nous pourrions encore ajouter! Quel tableau il nous serait facile de tracer des mœurs dissolues de ce xviiie siècle, qu'on nous peint si courtois, si brillant! Les Menins livrés au vice le plus honteux; les femmes délaissées s'enivrant et se querellant; le libertinage allié à la dévotion; l'étiquette produisant des troubles, des conspirations; les Grands se groupant autour de bâtards royaux, rampant aux pieds de leurs maîtres, se relevant chargés d'honneurs ou factieux, factieux encore quoique enrichis, parce qu'ils étaient insatiables; des prêtres semant la discorde dans l'Eglise pour récolter la persécution; les courtisans spéculant sur les faiblesses du jeune Roi, comme des femmes hautement titrées avaient exploité les passions du Régent, avaient imité les turpitudes d'une princesse qui mérita le surnom de Messaline. Poursuivant ce siècle dans son cours, il nous aurait redit, et le règne de Louis XV, et des intrigues honteuses, et les guerres provoquées par l'ambition des Grands, dirigées par des généraux cupides autant qu'inhabiles. Les Châteauroux, les Pompadour, les Dubarri, quelle honte leurs noms projettent sur la royauté! Les courtisans se pressent sur les pas de ces maîtresses, pour adorer le vice qui leur livre le trésor public; enfin toute cette pompe, toute cette corruption aboutissent à une révolution, à un échafaud sur lequel sont tués un roi, une reine, victimes de leurs vertus et de leur faiblesse, victimes de la fuite, de la rapacité de leur Cour.

Mais c'est déjà trop d'être provoqué à indiquer l'origine impure et les accroissemens rapides de fortunes qui se sont perdues dans la Révolution. La morale publique et le respect pour le rang le plus élevé commandent d'en cacher la source la plus féconde et la plus honteuse. Si l'histoire nous montre Mme de la Tournelle, lorsqu'elle va à Choisi se livrer à son amant, escortée des dames de Chevreuse, de Ruffac, d'Estissac, etc.; aussi des ducs de Duras, de Richelieu, des princes de Bouillon, de Soubise, de Tingri et de l'indispensable de Meuse, nous préférons citer l'espèce de disgrâce que le duc et la duchesse de Luynes s'attirèrent par leur refus de grossir ce cortége. Marmontel a cru pouvoir raconter à ses enfans l'intrigue ourdie par la comtesse d'Estrades et le ministre d'Argenson, qui, pour faire renvoyer la Pompadour, introduisent la femme d'un ménin auprès de leur maître: ils attendent impatiemment, dans une pièce voisine, l'issue du rendez-vous; ils courent à la belle, qui, échevelée et fière de son triomphe, s'écrie : Oui! je suis aimée... il est heureux!... Mais il est mieux de rappeler l'opposition du maréchal de Noailles au mariage de son fils avec une des maîtresses du Roi.

Les indemnités n'auraient pas pour but secret, pour effet inévitable de reconstituer l'ancienne Aristocratie, que ce serait encore la servir que de lui faire redouter ses traditions et ses mœurs anciennes. Pourquoi n'apprécie-t-elle pas mieux les avantages que lui offre la position où l'ont mise la Révolution et ensuite la Restauration? C'est seulement lorsque la probité et l'honneur règnent dans un État que la masse des citoyens respecte les classes qui, par leur éducation et par leur rang, devraient en être principalement les dépositaires. Des sacrifices noblement faits à la patrie peuvent seuls couvrir de l'oubli un passé accusateur, et faire demander à l'histoire des témoignages des services, des qualités, des vertus qui consacrèrent à l'estime publique de grandes familles.

Au lieu de ces sentimens de conciliation dont tant de désastres communs commandent à tous la réciprocité, et qui peuvent conjurer le plus sûrement le retour des orages révolutionnaires, voilà qu'on jette aux passions à

peine calmées , un plan d'indemnités qu'il faut que la
Nation paie à une foule presque inaperçue. La prudence
est sacrifiée à l'orgueil , la justice à l'intérêt : on ne craint
pas des souvenirs redoutables , on les provoque , on les
brave. Les partisans du projet s'en vont répétant qu'un
déficit de 54 millions a seul causé la submersion générale. Que n'énumèrent-ils donc les dilapidations des traitans , les déprédations des Grands , leurs richesses gros-
sies , durant des siècles , par les priviléges , par les emplois , par les pensions ; que ne considèrent-ils le Clergé ,
empressé à porter à Rome une partie de ses immenses
revenus, et qui semblait accorder une aumône plutôt qu'acquitter une dette , quand il lâchait quelques millions dans
le trésor épuisé. On trouverait que les Ordres privilégiés
étaient redevables envers la Nation peut-être de trois
cents fois 54 millions.

Mais déjà il ne s'agit plus de démontrer la légitimité
des indemnités. On s'occupe du partage de la *réparation* provisoire : on dispute sur les époques du paie-
ment, sans se mettre trop en peine si , parmi la foule
avide , il ne s'introduira aucun de ces chevaliers d'industrie qui , dans la vieille Cour, s'entendaient si bien à faire
des affaires ; gens toujours prêts à réclamer des dédommagemens pour des biens qu'ils ne purent jamais perdre.
Lorsque le premier Corps de l'Etat rendit ses hommages
à Charles X , la conversation suivante fut entendue dans
la salle du trône : « Et bien , dit un interlocuteur , le comte
de ** s'attend à l'Indemnité. — Combien en espère-t-il?
— Comme 30,000 fr. de rente. — Vraiment ! c'est tout au
plus s'il avait à lui 3,000 liv. de revenu. »

Ce fut en vain , hélas ! que Necker rendit compte à
Louis XVI , en 1780 , des abus dont profitait la Noblesse ;
la cupidité s'accrut encore. « Votre Majesté , dit le ministre , a été surprise d'apprendre que les pensions , gratifications , appointemens conservés , subsistance , etc. ,

formaient annuellement une charge d'environ 28 millions (en outre 4,566,000 liv.). Je doute si tous les souverains de l'Europe ensemble paient en pensions plus de moitié d'une pareille somme. C'est même un genre de dépenses presque inconnu dans plusieurs Etats... Les mélanges d'état par les alliances, l'accroissement du luxe, l'habitude avaient fait, des grâces qui peuvent émaner du trône, la ressource générale : acquisitions de charges, projets de mariages et d'éducations, pertes imprévues, espérances avortées, étaient devenus une occasion de recourir à la munificence du Souverain... Et comme la voie des pensions, quoique poussée à l'extrême, ne pouvait ni satisfaire les prétentions, ni servir assez bien la cupidité honteuse, l'on avait imaginé d'autres tournures, et l'*on en eût inventé chaque jour*. Les intérêts dans les fermes, dans les régies, dans les étapes, dans beaucoup de places de finance, dans les pourvoiries, dans les marchés de toute espèce, et jusque dans les fournitures d'hôpitaux, tout était bon, tout était devenu digne de l'attention des personnes souvent les plus éloignées, par leur état, de semblables affaires. Indépendamment de ces différens objets, on sollicitait encore les engagemens du domaine de V. M., les échanges onéreux à ses intérêts, l'accensement favorable de terres en non-valeurs, ou la concession de forêts qu'on prétendait abandonnées ; venaient aussi les paiemens de faveur sur des pensions arréragées, l'acquittement de vieilles créances quelquefois achetées à vil prix, leur admission dans les emprunts, et *tant d'autres manières encore*. L'obscurité prévenait la réclamation publique, et l'apparence d'une convenance réciproque délivrait encore du joug de la reconnaissance. »

CHAPITRE XII.

Priviléges.

L'HISTOIRE des siècles antérieurs à celui que l'adulation a nommé le siècle de Louis XIV, fournirait bien d'autres moyens puissans contre le projet ministériel et aristocratique des Indemnités. Elle dirait la formation des Fiefs, l'origine de ces Comtés que fonda l'usurpation, qu'agrandit la confiscation. Les chartres de la plupart des anciennes propriétés seigneuriales révéleraient des rapines, des usurpations, des violences exercées contre le trône même. Mais laissons à un passé éloigné ses crimes et ses malheurs : la Charte de Louis XVIII est un rempart contre la Démocratie; puisse-t-elle préserver la France du retour d'une Aristocratie envahissante ! Et d'ailleurs c'est notre Révolution qui seule a pu abattre l'arbre de la féodalité : encore en 1788, il couvrait le royaume de ses branches *mortifères.*

Parmi tous les biens confisqués sur l'Émigration, beaucoup avaient été acquis très-légitimement, et ils appartenaient à des hommes bienfaisans. Le nom de Penthièvre sera toujours vénéré. Olivier de Serres, qui planta, dans le jardin des Tuileries, la première pépinière de mûriers qui fut établie en France, honora le siècle de Henri IV, et il ne rencontra pas d'émule dans le siècle suivant. La Tournelle, honteux des désordres de sa femme (la duchesse de Châteauroux), se retira en Bourgogne dans une terre d'un revenu de 3,000 liv. : il y fit creuser un canal jusqu'à la rivière la plus voisine, acheta le plus qu'il put de bois dans les environs, et il se procura ainsi 52,000 liv. de rente. Chauvel de Perce se livra avec de grands succès à l'éducation du bétail. Ainsi l'agriculture

réclame parmi la Noblesse Duhamel du Monceau, Va-
rennes de Fénille, Béthune de Charost, Malesherbes,
La Rochefoucault-Liancourt que deux siècles auront possédé. Les soins d'une sage administration enrichirent des
familles respectables, avant même de devenir malheureuses. De grands talens, de services éminens rendus à
l'État, furent des sources de richesses trop honorables
pour ne pas s'affliger de ce que la confiscation ait frappé
également les descendans de Turenne, de Turgot, de
Buffon, et les héritiers de ministres, de courtisans et de
maltôtiers déprédateurs.

Mais les biens que saisit la confiscation étaient flétris par
le Privilége, réel et personnel, qui enrichissait même les
Nobles sans propriétés. Jusqu'à 1789, le Privilége, tel que
l'avaient fait plusieurs siècles, exerça une véritable confiscation d'une grande partie des revenus et des droits des
Français, laboureurs et industriels; il enleva à l'État
une forte part de ses ressources, et la Noblesse en profita pour améliorer et étendre ses possessions. Suivant
M. l'abbé Sieyes, le nombre des privilégiés était au plus
de 80,000 Ecclésiastiques et de 120,000 Nobles. L'abbé
de St.-Pierre avait trouvé environ le même nombre;
mais M. de Pradt ne compte que 90,000 Nobles, dont la
majorité n'a pas émigré. Plus de la moitié du territoire
et des richesses du royaume était possédée par *deux cent
mille*, et ils étaient exempts des taxes, des charges publiques, qui retombaient sur les *vingt-cinq millions* de
Français. Enfin un régime aussi exécrable a été détruit.
Cependant un compte immense est ouvert à ceux qui dé-
corent leur rassemblement à l'étranger du nom de *France
extérieure* : c'est la France intérieure qui doit encore
payer le prix de son affranchissement. On oublie quelle
fut la condition du peuble pendant dix siècles : on refuse
de considérer la cause de ses maux récens; et le Privilége
s'apprête à s'octroyer un milliard.

Mais, dit la Patrie avec le calme de la force et la puissance de la justice, mais mon sein est tout sillonné des éclats de la foudre que le passé avait nourrie. — Paye, répond le Privilége. — Tes vexations atroces, les usurpations de ce que tu appelais les premiers Ordres, ont attiré sur moi tous les désastres ! — Paye. — Les maux aussi de tes créatures ont été affreux ; mais c'est toi qui les leur a causés. Sans toi j'aurais toujours joui de mes droits. Hélas ! après tant de souffrances cruelles, moi qui aimai à croire à la foi jurée et qui n'y manquai jamais, je ne possède pas encore tous ces droits qui sont naturels, qui appartiennent à toute société ! — Paye. — Quand, aux jours de ta peine, tu réclamais l'oubli, tu invoquais l'union, dis... le pardon m'a-t-il coûté ? Comme je m'empressai à soulager le malheur ! Ma générosité se prêta même à des détours : je cédai bien plus que les lois ne me permettaient de donner. — Paye, te dis-je ; de l'argent. — Voudrais-tu te venger de mes bienfaits ? Vois les débris des chaînes dont tu m'avais chargée ; ce glaive encore teint de sang, qui me l'a enfoncé dans le sein ? Et de qui tiens-tu le pouvoir de me parler si impérieusement ? de l'étranger, qui m'a spolié de belles provinces, de mes trésors et des chefs-d'œuvre des arts ? — J'attends depuis trop long-temps : à moi aussi il faut des indemnités. — Considère au moins les pertes de l'agriculture que désespère même l'abondance ; vois l'industrie luttant contre la détresse pour étendre ses conquêtes. — L'industrie ! que m'importe ? Souviens-toi du principe suivi par Louis XIV et Louis XV : « Il est bon que le roturier sente la nécessité où il se trouve d'obéir, et qu'il ne s'accoutume pas de telle sorte à la propriété de ce qu'il a, qu'il se puisse regarder comme indépendant. » (1)

_____

(1) Vers 1770, la Société économique de St.-Pétersbourg mit au concours cette question : Est-il plus avantageux à un État que les paysans

La France, c'est moi, dit Louis XIV, et il fit du Privilége l'appui et l'ornement de son trône; tous ceux qui accoururent à sa Cour durent se revêtir de livrées de toutes les espèces. Les princes et les princesses jouissaient de domaines immenses, de pensions, de traitemens énormes; le trésor public leur était ouvert : la charge de leur domesticité innombrable était en outre imposée à la Nation. Descartes, Houelle acquittèrent des impôts dont furent exempts des lavandiers et des veuves de portier. Le négociant Crozat dut qualifier d'écuyer l'huissier ordinaire du Conseil. Les *commensaux* recevaient des gages et devenaient nobles; ils jouissaient du droit de *committimus*, de préséances et de droits honorifiques dans les cérémonies publiques et particulières. Leurs charges ne pouvaient être mises en partage dans les successions; ils étaient exempts de toute saisie, de toute hypothèque, des tutelles et curatelles; exempts des taxes de francs-fiefs, franc-aleu, de milice, ban et arrière-ban; exempts des tailles, subsides, impositions et collectes; exempts du guet et garde, de la subsistance et logement des gens de guerre, des corvées, de tous péages, des octrois, de toutes les charges de ville. Avant la catastrophe du 20 mars, des conseillers de Louis XVIII proposèrent aux deux Chambres de rétablir la prévôté de l'Hôtel, juridiction d'exception, tribunal arbitraire qui aurait ramené à sa suite la foule des commensaux.

Il serait difficile de dire le nombre de ces privilégiés; il eût été plus aisé au Tasse de faire le dénombrement des esprits de la Forêt enchantée. Gentilhommes, gardes,

---

possèdent en propre du terrain, ou qu'ils n'aient que des biens meubles ? Le prix fut décerné à un Mémoire de plus de 50 pages d'impression et écrit en français. L'auteur refusait aux paysans toute espèce de propriété immobilière. A la même époque, l'Académie de Caen demandait, par un concours, quelles récompenses honorifiques devraient être décernées aux laboureurs qui emploieroient plusieurs charrues ?

7

valets, même les renardiers, les sommiers et les châtreurs de chiens, tous étaient, par arrêts du Conseil, des commensaux. On comptait 44 charges de gentilshommes de la vénerie, 25 de gentilshommes de la grande fauconnerie, 20 piqueurs de l'équipage du premier vol pour corneille, etc. « On pourrait citer, dit un arrêt de 1752, beaucoup d'exemples de magistrats du premier ordre qui possèdent en même temps des offices des maisons royales. Les réglemens supposent que les commensaux s'occupent hors du temps de leur service (il durait trois mois), puisqu'ils leur assurent la conservation de leurs priviléges tant qu'ils ne font point d'actes dérogeans; et il est certain que les offices de judicature, police ou finance, n'emportent avec eux aucun acte de dérogeance. »

En effet, les plus riches particuliers des provinces achetaient même des charges de la fauconnerie. Le seul village de Surênes comptait huit commensaux. La Forbonnais cite, pour exemple, une paroisse imposée à 1,200 liv. : un propriétaire, qui en payait à lui seul la moitié, acheta pour 4,000 liv. une charge chez le Dauphin; commensal il cessa d'être taillable, et son village fut surtaxé de 600 liv. La guerre achevait d'accabler d'impôts la Nation non privilégiée, lorsque Louis XV osa décider que le taillable, devenu commensal pour s'exempter des impôts, rentrerait dans la classe des contribuables jusqu'à la deuxième année après la paix; mais le Privilége fut plus puissant que l'autorité royale : cinq mois après l'édit, les commensaux se rétablirent dans leurs exemptions.

Pontchartrain se contentait de dire à Louis XIV : « Toutes les fois que V. M. crée un office, Dieu crée un sot pour l'acheter. » Le Monarque souriait à l'épigramme, prenait l'argent, et du sot faisait un privilégié, un fonctionnaire de plus. Cet officier n'était plus guère sujet qu'à l'impôt dont ce Roi frappa les perruques (1706). A Dieu ne plaise qu'on accuse nos pères d'avoir manqué de

patriotisme : souvent ils surent faire du devoir une vertu.'
Mais la vanité à satisfaire, le privilège à posséder, l'envie
d'amasser de grands biens, accrurent de 40,000 officiers les
myriades de privilégiés qui déjà dévoraient l'État. Aussi
le Roi déclara-t-il en 1705, qu'il s'apercevait que le
nombre des exempts et privilégiés était tellement mul-
tiplié, qu'à peine restait-il un nombre suffisant de contribuables pour porter les charges. Cependant la vénalité des offices de maires et d'assesseurs ne datait que
de 1692.

Ce serait presque calomnier notre ancien régime mu-
nicipal que de le comparer avec celui qui le remplace :
pourtant nos cités jouissent, depuis 89, d'édifices, d'embellissemens qu'elles désirèrent en vain pendant des siècles. Le Privilége empêchait d'entreprendre beaucoup et
d'exécuter bien. Les noms de Rotrou, des Échevins de
Marseille dont le dévouement héroïque surpassa la charité
de Belzunce, devraient être consacrés partout sur le bronze.
Mais la foule des acheteurs des offices municipaux touchaient l'intérêt de leurs finances au dernier quinze et
vingt; ils recevaient des droits taxés, des gages déclarés
insaisissables, des traitemens qui absorbaient la moitié
des produits des octrois; leur orgueil ne dédaignait pas
des présens de bougies, de sucre, etc.; enfin, maires per-
pétuels et lieutenans, échevins tant annuels que triennels,
tous étaient entièrement exempts des charges civiles et
locales (1). C'est de nos jours que les hoquetons, les mas-
sarts et les fiffres ont cessé d'être des privilégiés. Quoique
l'administration fût devenue un système complet de déception et un trafic honteux, l'appât de la noblesse at-
taché à la plupart des fonctions municipales, l'exemption

(1) Par la grande revente que Louis XV fit aux villes et aux provinces
des offices municipaux qui leur appartenaient, la ville d'Angers fut contrainte, en 1735, de racheter la propriété des siens 170,000 liv.

des impôts, de la milice pour les enfans, l'hérédité de ces offices et de leurs priviléges assurée aux veuves, toutes ces causes expliquent l'accroissement immense que prit, dans le xviiie siècle, une classe de familles qui remplirent les villes de bourgeois anoblis ou vivant noblement, et qui fournirent un fort contingent à l'Émigration.

CHAPITRE XIII.

De la Noblesse.

UNE Majesté la plus ancienne, la Majesté nationale, s'est relevée en s'appuyant sur la justice et sur la gloire : elle verse son éclat dans tous les rangs de la société, honore les services de chaque citoyen, et elle inspire à tous l'amour de la patrie, la fidélité au trône, le besoin de l'ordre. Pourquoi donc tant de clameurs poursuivent-elles le siècle qui a opéré cette vraie restauration ? Née dans les discordes civiles, notre génération n'aperçut long-temps ni sceptre ni autel, et elle n'eut d'abord pour institutrice que la démagogie. N'est-il pas admirable de la voir s'approcher d'elle-même de tout ce qui est bien ; avide de science, éviter les traditions criminelles d'un passé dissolu et les leçons de l'anarchie, et désabusée même des théories, respecter les distinctions sociales, pourvu qu'elles n'attentent ni aux droits ni aux libertés nationales ? Esprit public si long-temps attendu, et qui atteste à la fois les progrès de la civilisation, l'empire de la religion, la puissance de la légitimité, les bienfaits de la philosophie.

Les origines de toutes choses sont connues ; les mystères politiques sont divulgués. Nos pères, victimes de la

puissance des Castes, se vengèrent durant des siècles par
des censures et des protestations qu'ils nous ont transmises ; nous, témoins et victimes de tant de catastrophes,
nous nous gardons d'appliquer, même à la politique,
cette maxime d'un oracle de l'Église : *Credo quia absurdum est.* Ce serait d'indifférence plutôt que de passion
que nous mériterions d'être accusés. On n'abuse plus
avec les mots : la sagesse conseille de ne pas provoquer
davantage les investigations. Serait-il impossible d'esquisser l'histoire d'un parchemin qui, arraché des annales des
Perses, couvert d'un traité philosophique ou d'une satire, puis d'une homélie, aurait vieilli dans les greniers
d'un couvent, chargé d'une légende, pour devenir ensuite le contrat spoliateur d'une contrée, et tomber enfin
dans la caisse d'un riche qui acheta une *Noblesse parfaite et transmissible à sa postérité ?* celle-ci peut-être
déroule à présent ce parchemin pour s'en faire un titre
à l'Indemnité.

Mais la Charte a reconnu la Noblesse ancienne et nouvelle, et la pairie est devenue héréditaire. Ce pacte social a fait à la Démocratie une part beaucoup trop faible :
c'est néanmoins pour la Démocratie qu'il est le plus sacré.
La Noblesse nouvelle se contente généralement d'un titre
qui ne peut conférer aucun privilége ; et témoins des services nous pouvons apprécier les droits. L'ancienne Noblesse n'a véritablement contre elle qu'elle-même. Sans
doute cette Caste eut des qualités propres : l'orgueil national s'offenserait du projet de lui faire répudier l'éclat
qu'elle répandit sur la monarchie. On peut lui reprocher
son orgueil et son ignorance, sa passion du faste, sa fureur de l'intrigue, blâmer ses violences, et contester des
services qu'elle exagère beaucoup ; mais des vertus balancèrent ses vices : cupide, elle ne préféra pas toujours
l'argent à l'honneur ; long-temps elle fut la dépositaire
de l'urbanité française, et on dirait qu'elle constitua

une Noblesse très-spirituelle et très-vaillante, si notre vieille Europe n'avait déjà possédé tant d'autres noblesses.

La Révolution a procuré à la Noblesse ancienne une réforme salutaire : les abus, qui avaient corrompu son essence ont disparu. Elle devrait avouer ce bienfait qu'elle nie et dont elle jouit; et cette réforme qu'elle était incapable d'espérer, encore moins de demander, est l'indemnité la plus importante, comme elle est la seule dont la justice et l'honneur lui permettent de profiter. Certes, on embarrasserait beaucoup les prôneurs de l'Ancien Régime, si on les obligeait d'exposer franchement l'institution de la Noblesse, telle que la firent la vénalité et la politique de nos derniers rois. Un riche herbager du pays d'Auge fut contraint d'accepter des lettres de noblesse pour lesquelles on lui fit payer 30,000 liv. : deux hécatombes lui auraient coûté moins cher. Louis XIV, de sa certaine science, pleine puissance et autorité royale, anoblit 500 individus en 1696, pour la rétribution de 6,000 liv. Après la victoire de Denain, il fallut, pour payer les troupes, se procurer 3 millions par anticipation; Louis XIV offrit la noblesse gratuitement, et un intérêt de dix pour cent, avec remboursement dans quatre mois, à ceux qui prendraient de cet emprunt pour 100,000 liv. Sur-le-champ l'emprunt fut rempli. Parce que chaque secrétaire du Roi (ils étaient au nombre de 340) paya 10,000 liv. de supplément de finance, il fut déclaré et réputé noble de quatre races, et capable d'être reçu dans tous les ordres de chevalerie.

On ne voit à la fin de ce règne que créations d'offices, que ventes de lettres de noblesse : nos ministres ne créent pas plus facilement des rentes. Peu après des édits ordonnaient l'annulation, au moins la révision de tout cela. Mais, en 1714, exige-t-on des Nobles qu'ils fassent des preuves depuis 100 années, la myriade de marquis, de comtes, etc., fraîchement composée, ne subit aucune réduction ; c'est l'édit qui tombe dans l'oubli. On fabriqua plus que jamais des généalogies , et beaucoup d'aînés profitèrent de ces fraudes pour s'emparer de la plus forte part du patrimoine de leurs familles. Le Régent crut un moment diminuer les abus, en supprimant toutes les lettres de noblesse acquises seulement depuis 1689 ; mais la Noblesse épousa la cause de la bâtardise du duc du Maine et des autres enfans de Louis XIV. Turbulente, elle s'essaya à devenir factieuse, en conspirant d'abord contre les ducs et pairs, au sujet des niaiseries de l'étiquette. Le Parlement, par son fameux mémoire, surpassa tous les satiriques. Le Système accrut encore la masse de la Noblesse : Choisy et le Parc-aux-Cerfs devinrent, pour ainsi dire, des succursales de la chancellerie. Toutes les recherches contre les usurpateurs de noblesse restèrent inutiles. En vain l'édit de 1771 ordonna-t-il que : « faute par aucuns des anoblis , leurs veuves et descendans , d'avoir dans les délais prescrits payé les sommes fixées , ils demeureraient déchus de la noblesse acquise par charges ou lettres depuis 1715. »

« Tous les grands de la Cour, dit M. de Ségur, voulaient des commandemens militaires : il n'y avait pas d'évêque qui ne prétendît faire nommer quelque colonel, point de jolie femme ou d'abbé qui ne voulût faire quelque capitaine... Les ordonnances exigeaient, pour être nommé officier, des certificats de noblesse signés par quatre gentilshommes. Ces certificats se donnaient fréquemment à des roturiers par de jeunes gentilshommes obérés, et qui trouvaient ainsi le moyen de se libérer de leurs dettes. »

L'Emigration veut des Indemnités! eh bien, la noblesse suffirait pour les lui fournir : l'ambition et la vanité sont toujours riches pour se satisfaire. D'abord faites payer toutes les sommes restées dues depuis 1715 ; ensuite, à l'exemple de nos derniers rois, ordonnez une révision sévère de toutes les lettres de noblesse, comme depuis 1700. Si une grosse amende peut jamais être justement exigée, c'est sans doute des usurpateurs de titres, de généalogies. Quelle pitié de voir tant de gens tourmenter les noms bourgeois de leurs pères afin d'y accoler le *de* ! Combien qui, républicains, puis impériaux, puis monarchiques, sont pris de la folie de ce petit marchand de la ville de Riom, qui avait choisi pour enseigne un Saint-Esprit avec ces mots : *Veni, sancte Spiritus.* Ce fut la fortune seulement qui vint. Parce qu'une de ses parentes fut nommée prieure de la Madelaine à Paris, le boutiquier auvergnat changea de nom, et se fit M. *de Veni.* La particule *de* est grosse de tout un budget de voies et moyens. Que chaque famille qui en décore son paraphe soit taxée à une certaine somme : qu'au lieu de coupons de rentes à cinq, dix mille lettres de noblesse soient mises sur la place ; et le trésor trouvera même un *boni* sur les Indemnités.

Beaucoup de Royalistes voient, dans la confusion des titres honorifiques, un abîme de la Révolution : ce serait un de plus de fermé. Les *Messires* pullulent ; on qualifie de *Grandeurs* les successeurs des Apôtres, qui lisent partout *Monsieur de Meaux*, à *Monsieur de Cambrai* ; on salue de *Monseigneur* de simples directeurs, et jadis des lieutenans-généraux préférèrent se retirer du service, plutôt que d'obéir à Louis-le-Grand, qui leur prescrivait de *Monseigneuriser* Louvois ; même des administrateurs s'arrogent des titres qui ne leur appartiennent pas ; enfin une foule d'actes publics sont décorés de la formule *très-haute et puissante dame,* qui était restée en permanence dans les sacristies, comme pour braver le ridicule qui poursuivait *les très-nobles et très-honorés* vilains devenus des semi-gentilshommes.

CHAPITRE XIV.

Richesse de la Noblesse, Misère du Peuple.

VEUT-ON apprécier les richesses que la Noblesse retirait
de ses privilèges, qu'on suppose qu'ils sont offerts à la
propriété pendant 60 ou 80 années, et qu'après ce temps
elle tomberait dans le domaine public. Les pères de famille accepteraient les premiers cette condition. Mais
c'était depuis plus de huit siècles que la Noblesse jouissait de ces privilèges, qu'elle se les transmettait, qu'elle
les augmentait par l'intrigue, ou les défendait par la révolte. Jusqu'à 89, les Nobles de race et les Anoblis étaient
exempts des tailles, des aides, des subsides. Le budget
de 1726 comprenait les fermes - générales pour plus du
tiers de tout le revenu de l'État, évalué à 161 millions.
Les bagnes et les prisons recevaient annuellement plus de
onze cents malheureux prévenus de faux saunage : la Touraine avait une prison réservée pour les femmes et les
filles accusées de ce délit. Les Nobles et leurs bâtards étaient
affranchis de toutes servitudes , de la milice et des logemens militaires, tandis que des punitions étaient in-
fligées aux pauvres bourgeois qui, pour se préserver des
logemens, ôtaient les fenêtres de leurs maisons, en dé-
molissaient les cheminées : des villes entières , à l'approche
des troupes, étaient abandonnées. Les Nobles commet-
taient-ils des crimes, ils déclinaient la juridiction ordinaire , on les jugeait en Parlement chambres assemblées : un Anobli, assassin, redevenait noble par lettres
de réhabilitation ; mais il descendait à la roture s'il prenait à ferme des terres autres que celles des princes et
princesses. Combien de vols, de brigandages, d'incendies,
de viols, d'homicides restaient impunis !

Obscur, on l'eût flétri d'une mort légitime :
Il est puissant, les lois ont ignoré son crime.

Gilbert.

On lit dans un Mémoire par le duc de Bourgogne :
« L'une des plus grandes surcharges des contribuables provient de la quantité de faux Nobles qui se trouvent dans
les provinces. » Boulainvilliers écrivait aussi : « Il n'est
plus de paroisse où il ne se trouve un certain nombre de
petits tyrans, qui se déchargent de l'impôt et le rejettent
sur les faibles et les malheureux. Parmi ceux-ci, en est-
il qui aient la force de demander raison de l'oppression
qu'on leur fait, ils se ruinent en procès ; les haines deviennent implacables, et tout ce que la plus noire vengeance peut inspirer se met généralement en pratique.
Tel est l'arbitraire, que des communes paient en surtaxe
un huitième en plus de leurs récoltes et produits. Dans
20,000 paroisses il y a plus de 40,000 collecteurs et 5 à
6,000 sergens ou huissiers. Des contrées entières ont été
abandonnées, et les habitans sont allés s'établir dans d'autres provinces. Ainsi dans l'élection de Limoges, le cinquième des fermes est absolument inculte, sans habitans
et sans bestiaux. » Necker a évalué à 250,000 la totalité
des agens du Fisc, et à 35,000 le nombre de ceux qui dé-
vouaient tout leur temps au recouvrement des impôts.

Cependant la recette, dans certaines années, atteignait
à peine le tiers de la dépense. Après le désastre de Mal-
plaquet, le peuple, affamé, ruiné, succombait enfin sous
le fardeau de la dixme, de la taille, des droits des fermes,
des priviléges et attributions des charges et offices, de
l'impôt de la milice, des gabelles, etc., etc. Mais à peine
le projet d'imposer pour un dixième tous les immeubles
fut-il conçu, que les grands propriétaires, tout-puissans
à la Cour, qui, jouissant de tous les priviléges, dévoraient
avec elle les dernières ressources de l'Etat ; *classe*

d'hommes, dit Marmontel, *qui ne souffre jamais et qui se plaint toujours*, formèrent une opposition à laquelle le Clergé s'empressa de se rallier. Aussi le dixième ne put-il, durant quatorze mois, procurer au trésor 14 millions. Les administrations provinciales et les ordres privilégiés se disputaient le honteux avantage de montrer le moins de dévouement pour soulager le peuple, pour sauver la France et l'honneur de la couronne. Déjà, en 1705, le Roi n'avait pu ou n'avait pas voulu imposer les châteaux somptueux et innombrables de la Noblesse : les modestes maisons que les bourgeois avaient aux champs furent seules taxées. Le Fisc en tira environ 4 millions.

Toute la Nation répéta ces mots des remontrances du Parlement en 1718. « Parmi les courtisans il y en a beaucoup de flatteurs, d'avides, d'ignorans. » Le Gouvernement, en 1725, voulut établir l'impôt territorial du 50ᵉ. Aussitôt le Clergé et la Noblesse recomposèrent leur opposition : le premier ordre mit en avant sa doctrine ordinaire, *que le consentement de l'Église doit être obtenu avant de pouvoir lever des subsides sur les biens ecclésiastiques*. Les Parlemens protégeant la bourgeoisie, les *paysans* ou *gens d'une certaine bassesse*, démontrèrent que l'impôt ne prendrait pas le 50ᵉ, mais plutôt le 6ᵉ, même le tiers des produits dans quelques provinces. La Cour n'avait songé qu'à se procurer de l'argent pour soutenir son faste. Si la Noblesse consentit plus tard à passer la déclaration de ses biens, cette déclaration fut souvent une perfidie, puisqu'elle servait à l'assiette des impôts que le crédit et le privilége évitaient ensuite pour les faire retomber entièrement sur le Tiers-État. Tant il est vrai que les causes de la Révolution, bien antérieures à l'édit du timbre et à la subvention territoriale, proviennent de la cupidité et du privilége des deux Ordres ; que c'est à eux qu'il faut imputer et le déficit de 110 millions en 1787, et la dette publique accrue, pendant dix ans, de 1,250,000,000 liv. et dont ils reçurent une forte partie par les pensions, les sinécures, etc.

· Le pouvoir absolu ne concevait point de récompenses sans les flétrir par le privilége. Une des plus belles ordonnances de Louis XIV (1702), alors qu'elle proclame les services éminens des bons négocians, *veut* que les Nobles qui feront le commerce en gros jouissent des mêmes exemptions et priviléges attribués à la Noblesse. Ces nobles négocians ne pouvaient être traduits devant les juridictions consulaires : du moins on n'exigeait pas d'eux des *lettres de relief.* Les distinctions, les classes et les caractères des priviléges formaient une science. « Les uns, dit Bigot de Sainte-Croix, sont de province à province ; les autres de ville à ville : il y en a pour les campagnes, pour les chemins. Ceux-ci sont accordés à des compagnies, ceux-là à une seule personne. On en jouit par soi-même ou on les loue. Les uns forcent le propriétaire de laisser son champ inculte pour enrichir son voisin privilégié ; les autres imposent l'obligation d'acheter à tel prix, ou de ne pouvoir vendre ses produits qu'à une époque déterminée. C'est ainsi que les priviléges exclusifs des corps de jurandes arrêtent, dans tout le royaume, les progrès de l'industrie, détruisent la concurrence, ruinent les particuliers, exercent sur le public un monopole odieux, et enlèvent à l'État des branches de commerce utiles. » Le seul Code des marchands de bois égale en volume tout le corps du Droit romain.

Suivant la maxime barbare que *le droit de travailler était un droit royal, que le prince pouvait vendre et que les sujets devaient acheter,* Louis XIV et Louis XV créèrent quarante mille offices. Le Trésor n'en retira pas 40 millions ; il lui en coûta plus de 100 millions en arrérages, et les Communautés levèrent en taxes et en droits de toute espèce plus de 600 millions. Qui entreprit de ruiner le système bizarre, tyrannique, immoral, qui ré-

gissait le commerce? Etait-ce le Clergé qui disait, en 1776,
que « ces institutions arbitraires ne permettaient pas à l'indigent de vivre de son travail, qu'elles repoussaient un sexe, et le condamnant à une misère inévitable, secondaient la séduction et la débauche? » Non. La Sorbonne avait même proscrit l'inoculation. Etait-ce la Noblesse qui conseillait au vertueux Louis XVI de rendre cet édit? Elle se défendait encore par le principe féodal *qu'aucun Noble n'est tenu de payer taille, ni de faire viles corvées*, et que *nul n'est corvéable s'il n'est vilain et taillable*. L'édit de 1776 est de Turgot, l'élève et l'ami des philosophes.

Le *maximum* indemnisait la Noblesse des altérations des monnaies et de la hausse des marchandises. Ainsi, au deuil de la mère du Régent (1722), le Conseil d'État défendit aux marchands de vendre les étoffes noires au-dessus d'un prix fixé; et le lieutenant-de-police ordonna des perquisitions sévères dans les magasins. En 1724, le controleur-général écrivit aux intendans qu'ils ne pouvaient faire mieux leur cour au Roi et au premier Ministre, qu'en obligeant les débitans de marchandises premières à en diminuer le prix au moins d'un tiers, les chefs des manufactures à baisser, dans la même proportion, le prix de leurs ouvrages, les artisans à subir une réduction dans le prix de leurs journées. Louis XIV et Louis XV firent brûler, et par la main du bourreau, des marchandises fabriquées dans l'Inde. Une ordonnance de 1716 défendit aux Français, *sous peine de mort*, le commerce et la navigation de la mer du Sud. Le principal effet de cette prohibition fut la peste de Marseille.

Gouvernemens, intendances, mairies, presque tous les emplois de l'administration étaient livrés à la Noblesse, qui formait la majorité dans les Etats provinciaux. Ces bénéficiers du privilége travaillaient incessamment à le consolider; de grands propriétaires s'établissaient dans leurs terres comme lieutenans-de-police; ils organisaient un espionnage contre les curés, les paysans, contre les vachères : ils profitaient des réjouissances publiques, si folles et si dispendieuses dans le XVIIIe siècle, pour procurer une espèce de restauration à la féodalité. Ce fut en France, par le roi Louis XV étant en son Conseil, que fut rendu en 1731, sur l'avis de tous les intendans, un édit digne du XIVe siècle. S. M. défendit, sous peine de 3,000 liv. d'amende, de faire aucune nouvelle plantation de vignes dans l'étendue des provinces du royaume, sans sa permission expresse. Le peuple était privé, en 1730, de la liberté d'avoir des jumens et des étalons : aussi la cavalerie ne put-elle se procurer 10,000 chevaux dans la Bretagne et la Comté, tandis que vingt ans auparavant ces provinces en élevaient 40,000. Les fabriques de rouenneries durent être fermées à l'époque des moissons, pour rendre à l'agriculture les bras que l'industrie occupait dans la haute Normandie. Le marquisat de la Norle en Bourgogne, de Roche-Millay dans le Nivernais, belles terres de près de 40 lieues de tour, avec de grandes mouvances, avaient dans leur enclave deux villes assez considérables, mais qui n'étaient plus habitées en 1724.

Courbé sous le double joug du privilége seigneurial et de l'arbitraire de l'administration, le laboureur avait tout à craindre. L'intendant d'une province très-pauvre ayant le dessein d'y encourager l'éducation des abeilles, fit demander le nombre des ruches qui existaient dans chaque paroisse : dès que cette curiosité fut connue, les habitans, fortement persuadés qu'un intendant ne pouvait avoir que des intentions malfaisantes, se hâtèrent de détruire leurs essaims. Par arrêt de 1721, messire Bouthillier, primat des Gaules et de Germanie, archevêque de Sens, enjoignit aux habitans de Nogent-sur-Seine d'ensemencer leurs terres par soles, une année en blé, la troisième de les laisser en jachère. « Il est certain, dit l'auteur de la *dîme royale*, que les tailles sont exigées avec de si grands frais qu'ils vont au moins à un quart du montant. L'autorité des personnes puissantes et accréditées fait souvent modérer l'imposition d'une ou de plusieurs paroisses dont la décharge doit nécessairement tomber sur d'autres voisines; ces personnes sont payées de leur protection par la plus value de leurs fermes ou de celles de leurs parens ou amis, causée par l'exemption de leurs fermiers et de ceux qu'ils protègent. Le cultivateur vit très-pauvrement lui et sa famille; il va presque nu, et il laisse dépérir le peu de terre qu'il a, de peur que si elle rendait ce qu'elle pourrait rendre étant bien fumée et cultivée, on n'en prît occasion de l'imposer doublement à la taille. La hauteur et la multiplicité des droits des aides et des douanes provinciales emportent souvent le prix et la valeur des denrées, soit vin, cidre; ce qui a fait qu'on a arraché tant de vignes.... On a trouvé tant d'inventions pour surprendre les gens et pouvoir confisquer les marchandises, que le propriétaire et le paysan aiment mieux laisser périr leurs denrées chez eux. »

Vauban, menacé de la Bastille, mourut, comme Racine, de chagrin d'avoir mérité, par philanthropie, la disgrâce d'un *autre homme*, expression de Voltaire. Louis XIV avait cependant entendu Colbert lui dire : « La postérité mesure la grandeur et l'esprit des princes à l'aune des bâtimens qu'ils ont élevés. Oh! quelle pitié, que le plus grand roi fût mesuré à l'aune de Versailles! » Mais l'évêque de Fréjus (Fleury), coupable de félonie, le cardinal de Polignac, convaincu de trahison, firent chasser de l'Académie l'abbé de Saint-Pierre, censeur sévère mais juste de ce Roi. La postérité conservera de l'admiration pour son règne; mais elle méprisera ces écrivains qui proposent pour modèle son gouvernement. Ils se disent chrétiens, et les priviléges des Castes causèrent la dépopulation du royaume; humains, et nos ancêtres languirent dans le désespoir de la misère ; Français, et notre patrie fut livrée comme une proie aux privilégiés ; monarchiques, et l'histoire des derniers siècles ne les instruit pas sur les vrais intérêts du trône. Le sort des Grecs, dont la cause est celle de l'humanité, a-t-il été plus malheureux que celui de nos pères ? Cependant les priviléges retrouvent des apologistes. M. d'Agoult, ex-évêque de Pamiers, essayait naguère de leur attribuer une origine antique et légitime.

Quoi qu'on dise, les codes des seigneurs, des dîmes, et des chasses seront à jamais accusateurs des Castes. Jusqu'à notre révolution se sont perpétués l'infâme droit d'aînesse qui estimait un mâle, ici autant que deux sœurs, là autant que douze ou quinze filles ; le droit de suzeraineté, qui, constituant le vasselage, fait douter que les Français du xviiie siècle aient connu le droit de la propriété. Elle était rarement affranchie du cens seigneurial, du jeu de fief, du champart, et de tant d'autres charges qui la grevaient pour une grande partie de sa valeur. Le directeur de la banque acheta, en 1722, pour 1,500,000 liv., une terre dont le quint et requint montèrent à 365,000 liv. En 1784, le prince de Condé céda à Louis XVI, pour 7 millions, les droits *utiles* du Clermontois ; et le duc de Chartres reçut 725,000 liv. pour des droits d'aides et de sels. Par une semblable rétrocession, *Monsieur* toucha 1,800,000 liv. pour remplacement du produit annuel des droits de trépas de Loire et des traites d'Anjou. Le revenu des droits recouvrés par les princes et par les engagistes s'élevait à près de 3 millions.

Un arrêt du Parlement de Rouen, en 1754, condamna les censitaires de la marquise d'Hautefeuille, qui l'avaient injuriée verbalement, à lui demander pardon à genoux, à l'issue de la messe paroissiale, et à se retirer ensuite des lieux où elle se trouverait. Tant que des Français furent contraints à des corvées personnelles, ils ne fu-

rent pas des hommes libres, et ces corvées ont démenti
ceux qui attribuent spécialement au christianisme l'abolition de l'esclavage. « Un abus bien préjudiciable à l'E-
tat, et qui semble prévaloir de jour en jour, disait le
duc de Bourgogne, c'est l'espèce de tyrannie qu'exercent
sur leurs vassaux les seigneurs particuliers dans des provinces. Ils commandent en despotes des corvées pour
l'embellissement de leurs terres et pour leur commodité
particulière ; ils élargissent et plantent des chemins à
leur profit, contre les ordonnances ; ils établissent sous
des titres supposés des péages, des fours et des moulins
banaux ; en un mot, ils grèvent le peuple d'une multitude de charges qui l'épuisent et le mettent hors d'état
de subvenir aux impositions royales. » De là, tant de
grandes routes que nous voyons s'arrêter à des châteaux,
tant de travaux que des gouverneurs de provinces avaient
entrepris, moins pour l'utilité publique que pour leurs
intérêts propres.

Avant le Gouvernement constitutionnel, autant de
provinces autant de législations, autant de seigneuries
autant de justices : c'était par le nombre des potences
que la puissance des Grands se révélait au voyageur. La
confiscation, l'amende arbitraire entraient avec les droits
de bâtardise, de déshérence, de gibet, dans la valeur des
propriétés féodales. Jusqu'à 1789, tout seigneur ayant
le privilége de *banvin* contraignait, par publication au
prône, les paysans d'aller à son château ou à sa ferme
acheter du vin : il vendait au commerce et à l'agriculture
leurs poids et mesures ; et, par la *banalité*, il prenait à son
moulin, à son four, à son pressoir, l'argent du pauvre.
Encore si le laboureur avait pu jouir du peu qui lui restait ; mais le collecteur le poursuivait sous sa chaumière
qu'il réparait, le curé sur la terre qu'il défrichait, et
le seigneur dévastait son champ : même dans le temple
du Créateur, il était forcé de rendre des hommages à

des créatures ; et si son bourg possédait une école , c'était, dit V. Duval, une vile écurie plutôt qu'un lieu destiné aux premières fonctions de l'esprit humain.

Il faudrait désespérer du peuple si le souvenir des attentats du privilége de la chasse ne l'attachait pas à la cause de la liberté. C'est du nom chéri de Henri IV que sont souscrites les ordonnances qui prononçaient les peines du fouet, des verges, des galères, du bannissement à perpétuité , même la mort, contre les laboureurs qui se préservaient des ravages des bêtes fauves. En 1762, on remit en vigueur la législation atroce contre les gens du peuple, *vils et abjects*, qualifiés encore d'*inutiles* lorsqu'ils ne pouvaient pas payer une amende de 100 liv. pour braconnage. Les administrateurs de Seine-et-Marne disaient, en 89 : « Serons-nous condamnés de nouveau à respecter des animaux destructeurs, à voir, dans les saisons rigoureuses , des hommes gagés à grands frais étendre avec soin sur la neige une nourriture abondante pour les bêtes des forêts, tandis qu'à côté des citoyens meurent de faim et envient la pâture des animaux? » On lit aussi dans un des cahiers pour les Etats-généraux : « Le fléau le plus redoutable pour l'agriculture est l'excès du gibier ; de là , les campagnes dépouillées, les forêts dévastées , les vignes rongées jusqu'à la racine ; de là , les vexations des agens de l'autorité, les amendes arbitraires et excessives, les violences, les assassinats commis impunément ; de là , la loi imposée par le seigneur de distribuer les terres ensemencées de manière que le gibier trouve partout sa pâture ; de là , enfin un dommage public et l'une des causes du renchérissement des denrées. »

Ce dommage fut évalué, par Vauban et Necker, à plusieurs centaines de milliers de fourrages, et à plus de deux millions de setiers de grains , qui manquaient tous les ans à la consommation de la France ou à son com-

merce extérieur. Il se faisait néanmoins un grand massacre de gibier. Nous avons sous les yeux une note d'un
prince auguste, qui relate que, dans 51 tirés de 1781,
il abattit plus de 13,000 pièces, dont 3,641 lièvres, 461
en un jour. Le gibier d'une capitainerie rapportait, en
89, au seul capitaine, 40,000 liv.; Chaumont de la Ga-
laizière était porté sur l'État des pensions pour 13,000 liv.
comme capitaine des chasses de Nancy. Le droit de chasse
entrait pour une grande valeur dans le prix des terres.
La France ressemblait à la malheureuse Espagne, où
les Grands laissent vaguer leurs troupeaux de province
en province; ou bien à la Tartarie, qui nourrit des bandes
innombrables de gibier pour le profit des Kans. Les
seuls bénéfices des priviléges de la chasse, de la pêche
et du colombier, auraient suffi pour arracher chaque année à la misère, plus de deux millions de Français (1).

Si les ambassadeurs de Siam, ou Aniaba I (2), si les
sauvages américains qui visitèrent Versailles, n'avaient pas
été éblouis par le faste théâtral de la Cour, quel n'aurait pas été leur étonnement, en apprenant que ces seigneurs, resplandissans de décorations, si fiers dans leurs
chars dorés, et dont ils enviaient la livrée, qui remplissaient de leurs régimens les églises où leurs mariages
étaient bénis, qui, à leurs fêtes, illuminaient leurs hôtels
somptueux de mille bougies, de feux d'artifice, et jetaient
insolemment des vivres à une populace famélique; que ces
Grands, possesseurs de terres immenses, pourvus des plus
riches emplois, gratifiés de pensions énormes, non contens
de dissiper tous ces biens au jeu, à la table, au luxe et à
leurs plaisirs, prenaient l'argent de la bourgeoisie trop

(1) Le traitement du grand-veneur est de 100,000 fr. On évalue aussi à
100,000 fr. les profits qu'il fait sur le gibier.
(2) Roi d'une horde de nègres, que Mme de Maintenon fit baptiser, et
qui, avant de retourner dans ses États, institua en 1701, l'ordre de chevalerie de l'Étoile de Notre-Dame.

confiante, se paraient à crédit des merveilles de l'industrie, contractaient incessamment des dettes qu'ils ne payaient pas, faisaient quelquefois de leurs créanciers des victimes de leur violence, et, protégés par leurs priviléges, obtenaient encore celui de ne point satisfaire à l'honneur!.. Dans quel Etat nous trouvons-nous, se seraient écriés ces étrangers? Est-ce bien là ce noble et beau pays de France? Ah! fuyons.

Les Indemnités demandées par l'Emigration ne suffiraient pas pour dédommager l'ancienne bourgeoisie de toutes les créances que leur firent perdre une multitude de Nobles qui, comblés des faveurs de la Cour, étaient des despotes dans leurs terres et des dissipateurs dans les villes. On n'était pas grand seigneur si l'on n'avait des affaires dérangées : on mettait de l'orgueil à s'endetter, du plaisir à bafouer ses créanciers : payer ses dettes était réputé aussi dégradant que de contribuer aux impôts. « De même, dit M. Lemontey, qu'on échappait aux obligations civiques par des priviléges, aux préceptes religieux par des dispenses, et à la justice criminelle par des lettres de cachet, on éluda la justice civile par des lettres de répit. » En vain Colbert, pour fonder le commerce et consolider le crédit, chercha-t-il à réprimer ces fraudes. L'édit de 1673, qui ordonna la publicité des hypothèques, fut révoqué treize mois après. En effet, un *galant homme, un homme comme il faut*, ne pouvait souffrir long-temps que la situation de sa fortune fût exposée à l'examen de roturiers. Le mystère enveloppa de nouveau les hypothèques, et les grands seigneurs continuèrent à exploiter la vanité des *Matthieus*, des *Jourdains*.

Une foule de Grands, à l'exemple de Louis XIV et du Dauphin, contractaient des mariages clandestins, soit pour cacher des mésalliances, soit pour frustrer leurs créanciers. On voit souvent, dans le xviiie siècle, le Con-

seil du Roi occupé à expédier des lettres de répit. Les
surséances étaient des espèces de banqueroutes que faisaient les Privilégiés. Combien de faillites qui, sans
leurs fraudes et leur qualité, n'auraient pas désolé le
commerce! En 1780, le prince de Vaudemont accabla tellement de coups un fournisseur dont il venait de déchi-
rer le titre, que celui-ci fut en danger de mort. La banqueroute de 20 millions du prince de Guémenée réduisit
à la misère une infinité de familles parisiennes. Le cardinal de Rohan, grand-aumônier, et que l'affaire du Col-
lier acheva de rendre infâme, disait en 1782: « Il n'y
a qu'un roi ou qu'un Rohan qui puisse faire une pareille
banqueroute. » Arrêtons-nous pour ne pas citer des contemporains.

« C'était, dit M. de Châteaubriant, une forte con-
ception à nos pères barbares d'avoir attribué des qualités
à la terre... Le nom de l'ancien possesseur revit avec le
nouvel épi. » La métempsycose aurait compté beaucoup
moins de mutations que la propriété. Que de noms char-
gent le frêle épi s'il est né sur ce champ qui, défriché
par un Celte libre, fut dévasté par les Romains et par
les Francs, envahi par un Normand abruti ensuite par la
superstition, et qui se laissa déposséder par des moines !
Philippe-Auguste, en confisquant la Normandie, aban-
donne ce champ à un feudataire puissant, enrichi déjà
des dépouilles des Juifs et des Albigeois; et ses descendans, non moins barbares, traitent en esclave la famille
du Normand attachée à la glèbe. Usurpé par un suzerain
dévoué aux Anglais, le champ est confisqué encore au
profit d'un autre seigneur qui entasse, par les priviléges,
des trésors sur les trésors que ses aieux ont amassés par
leurs pirateries féodales. Mais, factieux et ruiné par son
ambition, il vend ce champ à un Religionnaire, qui, propriétaire laborieux et intelligent, en obtient de riches
moissons, lorsque la persécution le lui ravit pour le don-

ner à un courtisan délateur. C'est bientôt le domaine
d'une maîtresse ou d'un traitant, qui le charge d'un château somptueux construit avec l'argent du peuple. Le
privilége ne cesse d'en enrichir le possesseur, quand
éclate une révolution qui, vengeresse de l'humanité et
de la liberté, prétend lui ôter non sa terre, mais ses priviléges usurpés. Lui, il court aux frontières, et appuyé
du secours de l'étranger, il tourne son épée contre la patrie, qui ordonne la vente du domaine, pour le punir de
son aggression et pour se procurer des moyens de défense.

Que de générations qui ont transmis à la patrie plus
de droits à l'Indemnité que n'en a la descendance de
l'ancien possesseur! Ce n'est pas seulement dans les
autres Etats qu'on voit des *terres qui sont encore,*
après des siècles, sillonnées par un volcan. Le sol
même de nos maisons n'a pas achevé de consumer les
cadavres humains que l'intolérance contraignit les Protestans de lui confier secrètement. « Mais l'Indemnité,
ajoute-t-on, n'est pas uniquement un sacrifice d'argent; la question s'élève plus haut, il s'agit de donner
au monde civilisé une grande leçon de morale. » Quel
langage de la part de ceux qui autrefois méconnurent
tous les droits, qui naguères exigeaient la confiscation!
Quelle morale est celle qui veut prendre au prolétaire
une partie de ses faibles ressources! Vous triomphez...
Jouissez de nouveau du privilége; mais que ce ne soit pas
au nom de ce qu'il y a de plus sacré. La Révolution ne
nous aurait pas ruinés si l'Ancien Régime avait respecté la
propriété. Songez que cette grande Nation à laquelle l'on
prétend donner une leçon, commandait, il y a douze
ans, à toute l'Europe et qu'elle pourra encore lui dicter
des lois (1)

_____

(1) Sans doute, les professeurs de l'inviolabilité de la propriété, dont
les leçons vont coûter un milliard à la France, empêcheront désormais que
les gardes-des-communes ne gardent que les propriétés des indemnisés;

CHAPITRE XIV.

Services et Récompenses.

Des noms célèbres dans les fastes de la Noblesse sont devenus chers à la patrie reconnaissante. Cet Ordre fournit un contingent honorable à la classe des hommes qui, magistrats, écrivains, guerriers, savans, protecteurs des arts, illustrèrent le xviiie siècle ; nos provinces révèrent la mémoire d'administrateurs amis du peuple. On doit dire aussi que la politique constante de Richelieu et de Louvois consista à établir, sous l'éclat d'une Cour superbe, une confusion qui anéantissait les distinctions (1). « C'était plaire à Louis XIV, dit St.-Simon, que de se jeter à corps perdu dans le luxe, en tables, habits, jeux, équipages, bâtimens. » Mais cette politique, à défaut de l'Histoire, accuserait l'esprit de la Noblesse, tourmentée, pour son propre malheur, du besoin de briller, du désir de s'emparer des charges et des dignités. Plus sage, elle n'aurait pas cru qu'*il était honteux d'augmenter son bien si elle ne commençait par le dissiper* ; moins ambitieuse, c'est à la chose publique qu'elle aurait consacré ses services ; rampante à la Cour, elle y spécula souvent sur la dépravation : les vices qu'elle y apporta lui ga-

---

que les seuls chemins réparés à frais communs soient ceux des châteaux ; que l'impôt personnel et mobilier ne soit doublé, pour punir des laboureurs qui auraient tiré, dans leurs champs, sur les nuées de pigeons qui les ravagent de nouveau.

(1) La plus essentielle qualité sans laquelle nul ne pouvait entrer et n'est jamais entré dans le Conseil de Louis XIV en tout son règne, était la pleine et parfaite roture, si on en excepte le seul duc de Beauvilliers. (St-Simon.)

gnèrent les faveurs, et elle reparut dans les provinces plus riche, plus avide encore et plus despotique.

« Il n'y a rien que l'honneur prescrive plus à la Noblesse, dit Montesquieu, que de servir le Prince à la guerre. » Malheureusement Louis XIV lui fournit trop d'occasions d'exercer sa valeur. Qu'elle courût aux armes ou qu'elle les déposât, tous ses soins étaient pour la Cour, théâtre de toutes les intrigues, et sur lequel la faveur jetait les grades, les colliers, des trésors. Des maîtresses qui s'y succèdent, tirent leurs familles de l'obscurité, prodiguent les honneurs à leurs favoris, décident de la guerre, des plans de campagne. Une princesse repousse du ministère le vertueux Laverdy, en le traitant de *polisson* ; comme une somme de 100,000 écus promise à Mme de Narbonne, fait préférer à Machault l'incapable Maurepas. On admire cette réponse de Louis XIV : « Si je ne puis obtenir une paix équitable, je me mettrai à la tête de ma brave Noblesse. » Mais les ennemis n'avaient pas oublié qu'en 1674, il avait convoqué l'arrière-ban, et qu'il ne s'était présenté que 4,000 gentilshommes et la plupart avec répugnance : « Tous montés et armés inégalement, dit Voltaire, sans expérience et sans exercice, ne pouvant ni ne voulant faire un service régulier ; ils ne causèrent que de l'embarras, et on fut dégoûté d'eux pour jamais. »

Maîtresse de toutes les voix de la Renommée, la Cour exaltait ou décriait des exploits tant effacés par les exploits qui ont illustré nos armées depuis 1792. L'infanterie sauva la France à Denain. Un homme de guerre a rassemblé vingt-trois récits différens de la bataille de Fontenoy : le régiment de Normandie contribua autant que la maison du Roi, au gain de cette journée. Mais, sans l'ambition et l'incapacité de Grammont, le royaume n'aurait pas perdu une armée à Dettingen, où la victoire promettait la prise du roi d'Angleterre. Le fils du maréchal de Richelieu fut nommé à sept ans colonel d'un régiment : son major n'avait que cinq ans de plus que lui.

« Avant la guerre de sept ans, les emplois d'officiers appartenaient de droit aux gentilshommes de province, très-fiers, assez insubordonnés, et communément dépourvus d'instruction. Les emplois supérieurs étaient réservés, à bien peu d'exceptions près, pour les fils des grands seigneurs et des nobles de Cour, qu'on appelait *hommes de qualité.* Loin d'exiger d'eux, pour les obtenir, quelque étude et quelques services, on les faisait colonels lorsqu'ils étaient encore enfans. » (M. DE SÉGUR, *Mém. et Souv.*)

Duguay-Trouin, homme nouveau comme Chevert et Jean Bart, croyait, avec Catinat et Duquesne, que la vertu est désintéressée. Mais la Feuillade gagne la dignité de maréchal en élevant la statue de la place des Victoires ; Tallard, Villeroi, vaincus, obtiennent toutes les récompenses, et Boufflers, fils du défenseur de Lille, est fait, à l'âge de cinq ans, gouverneur d'une province. D'Ayen, qui n'a point paru à Fridlingen, apporte à Versailles les drapeaux pris sur l'ennemi : d'Antin, fils de Mme de Montespan, s'est enfui des premiers de la bataille ; mais une avenue à Petit-Bourg qui déplaît au Roi, disparaît par ses soins dans une nuit, et quatorze jours après ce duc est nommé gouverneur de l'Orléanais, et ensuite intendant des bâtimens.

Vers l'époque de la paix d'Utrecht, l'ambassade de France en Espagne coûtait 3,000 liv. par mois, celle de France en Angleterre 4,000 liv. Le duc d'Aumont fut nommé ministre à Londres, et quoique le trésor fût vide, il se fit donner 150,000 liv. de traitement. Il se composa, disent les journaux du temps, une suite ou un cortége de 20 aumôniers et de 4 suisses, de 24 gentilshommes et de 20 musiciens, de 2 intendans et de 12 pages, etc., avec quatre carrosses à 8 chevaux, deux à 6, et 50 chevaux de main. Malgré ce faste, ou à cause de lui, la populace de Londres hua l'ambassadeur, et un incendie dévora son hôtel. Il demanda une indemnité; le Roi lui fit don de 100,000 écus sur la ferme du tabac, et il obtint un brevet de retenue de 500,000 liv. sur sa charge de premier-gentilhomme.

Beaucoup de nos contemporains appelleraient une semblable promenade diplomatique, un sacrifice fait à l'Etat et au Prince. De bonne foi, on devrait craindre, avec cet étalage de dévouement, de rappeler une foule de traits semblables au suivant. Un jour d'hiver, en 1748, le comte de Coigny, pour être à portée de suivre le Roi à la chasse, partit dès cinq heures du matin. Il fut renversé avec sa voiture dans un fossé plein de neige : on l'y trouva mort. Le maréchal, son père, âgé de 75 ans, représenta que son fils avait perdu la vie par empressement pour le Roi, et il demanda à jouir de la charge de colonel-général qu'avait le défunt. Il y allait d'un profit ou d'une perte de 200,000 liv….. Que de gens dévoués, bon Dieu ! que de prétendues victimes qui n'ont pas versé même sur la neige !

Grâce à l'esprit de notre siècle, pourtant si décrié, la Noblesse a trop de patriotisme pour imiter la Noblesse de 1718. Dans ce temps-là, on ne vantait pas comme une vertu la fidélité, qui, pour tout citoyen, est un devoir envers le Souverain. Des complots contre le Gouvernement offraient aux Grands toute sécurité contre la confiscation, l'espoir de s'enrichir encore des dépouilles des autres, les chances d'une révolution qui devait au moins calmer, par de l'argent et des titres, un mécontentement calculé. Aussi vit-on une partie de la Cour se grouper autour de la bâtardise, la soutenir dans ses prétentions honteuses, et la seconder dans ses projets contre l'indépendance nationale. Le manifeste est signé de Châtillon, Laval, Pons, d'Estaing, Montmorency, Clermont-Tonnerre, Mailly, etc., etc. Le cardinal de Polignac est l'avocat de la duchesse du Maine; et Laval, Richelieu, Pompadour, de Mesmes, une partie de la Noblesse de Bretagne et de Guyenne préparent aux armées espagnoles l'invasion de la France. La cohorte des gentilshommes et celle des chevaliers de Malte s'écrient avec Beaufremont : « Détruisons les ducs, puisque nous ne le sommes pas ». Le mot d'ordre est les *Etats-Généraux* ! Plût à Dieu qu'ils eussent été convoqués ! Il y avait trop de corruption et assez d'esprit public pour que cette Noblesse factieuse et dissolue échappât à une réforme qui lui eût été si salutaire. Chose étonnante ! Après les guerres que l'Europe confédérée soutint contre la France, les cabinets étrangers, à chaque traité de paix, exprimaient constamment le désir que le Gouvernement cessât d'être purement monarchique : le rétablissement des Etats-Généraux paraissait à leur politique éclairée offrir seul des garanties ; et maintenant l'Alliance qui s'est appelée sainte, déclare une guerre opiniâtre aux Gouvernemens représentatifs !

Mais le présent n'a-t-il aucuns rapports avec l'époque du *Système* qui suivit cette conspiration ? Alors les Grands n'échappèrent pas seulement au *visa*; ils se firent aussi conserver les pensions que le Régent avait prodiguées durant la trompeuse prospérité des finances. Il suffit d'un simple édit (1722) pour faire mettre à la charge du trésor public les pensions qui avaient été assignées sur la cassette du Roi. Les finances épuisées devaient pourvoir aux dépenses du sacre de Louis XV; l'odieux droit de Paulette fut rétabli, ainsi que la vénalité de toutes les charges municipales.

La vanité ne fut jamais plus avide de titres et de décorations. Les solliciteurs voudraient être des Puysieulx. St.-Simon raconte qu'un courtisan de ce nom fut admis à une audience de Louis XIV. Après avoir obtenu la permission d'user de l'ancienne familiarité de leur enfance, il pria le Roi de se souvenir qu'un jour jouant à

Collin-Maillard , il lui avait mis son Ordre (du St-Esprit)
pour le cacher mieux , et qu'en lui reprenant le cordon ,
il avait promis de le lui donner quand il serait en âge de
le porter. Le Roi rit, et dès le lendemain il command￼
un chapitre à quatre jours de là. Ainsi Puysieulx fut décoré du ruban que Catinat avait refusé , comme n'ayant
pas assez de noblesse (1705).

Si le régime représentatif ne peut protéger entièrement
le trône constitutionnel contre les impostures de l'orgueil
et les manœuvres de la cupidité , quels assauts ces passions ne durent-elles pas livrer au trône du despotisme! Le
libertinage éprouva à la Cour des interruptions, la cupidité
n'en connut point. Jamais elle ne se lassa , jamais elle ne
fut repue : sordide à Versailles, elle était effrénée dans les
provinces. Du roi de France les courtisans firent un acca-
pareur de grains. On acheta , on enleva les blés des provinces : ainsi affamées, elles étaient contraintes de racheter
cette denrée que les agens du pouvoir leur livraient à plus
haut prix , pour le compte de Louis XV. De là , les fa-
mines qui désolèrent le royaume. Les funestes conseillers
du bon Louis XVI lui proposèrent , en 1788, ce honteux
monopole. Ceux qui écrivent sur les déplorables journées
des 5 et 6 octobre , ne veulent pas scruter quels étaient
alors les souvenirs et les souffrances qui , pour le peuple,
devenaient des fureurs. Mais on évite de chercher , dans
le *Parc-aux-Cerfs* , l'origine de fortunes scandaleuses
qui ont été confisquées. Les dépenses de cet infâme re-
paire de la dissolution sont évaluées par les uns à 100 millions , par les autres à un milliard : ce fut l'argent de la
Nation qui y solda les plus honteux services. Compren-
dra-t-on dans les Indemnités la terre de 80,000 liv. de revenu
qui devint l'apanage de la Châteauroux? Lorsque Mme d'E-
tioles fut déclarée maîtresse , en 1745 , elle reçut une
pension de 200,000 liv. avec le marquisat de Pompadour.
En outre des gratifications de 100,000 liv. écus, Louis XV

lui donna ensuite les terres de la Celle, de St.-Remi, les châteaux et terres de Crécy, d'Aulnai, de Bellevue, de Brimborion.

Avant d'imposer à la France la charge de ces Indemnités, que de restitutions pourraient, devraient lui être faites! Que d'émules de Pleineuf, ce directeur des vivres qui mettait dans le pain du soldat un quart de terre et de gravier, et s'enrichissant par la mortalité, obligeait la France à fournir 15 et 20,000 recrues dans une seule armée! Un obscur solliciteur, père de quatre enfans et ne jouissant que de 6,104 liv. de rente, se remarie à une protégée de la Pompadour, et il devient Intendant du Languedoc. Cette place rapporte 38,000 liv., et il obtient une gratification de 40,000 liv. pour son ameublement. Quatre ans après, il expose dans un Mémoire, qu'il a déjà pris sur son bien 84,000 liv. A sa mort, il laissa plus de 600,000 liv. de rentes en biensfonds à ses enfans, qui reçurent en outre pour ses services de grosses pensions. Cet Intendant avait aspiré à la place de Contrôleur-général des finances : la base des opérations de Saint-Priest, devait être la *banqueroute de l'Etat.* A l'âge de cinquante-sept ans, il avait de retraite 24,000 liv.: pension reversible par quart à ses filles.

Un état des pensions a sans doute des rapports avec les registres des décès : l'un va grossir l'autre incessamment, et l'égalité, triomphant de l'orgueil des titres, doit régner dans leurs inscriptions. Mais qu'un Gouvernement prenne dans le trésor public l'argent des pensions de ses favoris, qu'il atteste sciemment le faux, qu'il assimile à des services honorables les excès du vice, les manœuvres de l'intrigue, il tue l'émulation, et il provoque l'Etat à reprendre à ses protégés les richesses qu'ils ont ainsi amassées. La Cour ressemblait à une bourse, à une tontine, à un bazar ; c'était un transfert, un escompte continuel de services personnels et de services d'emprunts. *En consi-*

dération de ses services ou *des services de sa famille*
était le motif banal employé pour masquer l'incapacité
et dissimuler la fraude : des aïeux respectables devenaient,
long-temps après leur mort, comme les complices de leurs
descendans, ou ceux-ci leur imputaient des services qu'ils
n'avaient jamais rendus. Le mari prêtait des services à sa
femme, un valet à des comtesses : des familles entières
comptaient plus de services que de personnes, et l'État
avait à payer tout cet agiotage qui alimentait la fortune
des faussaires.

Chaque Menin avait une pension de 6,000 liv.; celle
des intendans était souvent moindre. Chalup, maréchal-
de-camp, était retraité à 8,500 liv., et une femme-de-
chambre à 8,000 liv. Quels services signalés avaient pu
rendre des lieutenans en survivance de compagnies réfor-
mées de la garde? Néanmoins le duc d'Agénois et plusieurs
autres jouissaient d'une pension de 12,000 liv. Celle de
Loménie, ministre d'État et lieutenant-général, était de
10,000 liv., et un ex-écuyer de la petite écurie (Lonlay
de Villepaille) avait de retraite 16,000 liv. C'est que cette
dernière pension avait été liquidée en 1781, et la première
en 1789. Boisgelin de Kergomar, capitaine de vaisseau,
recevait, entre autres pensions, 6,885 liv. comme ex-gen-
tilhomme de la manche de S. M., et 265 liv. pour perte
d'un bras dans un combat naval.

Voici quel était l'art de cumuler des services. De Bois-
giroult touchait, comme mestre-de-camp réformé, 1000 l.;
comme chargé de l'entretien de la petite volière de Saint-
Germain, 1,455 liv.; pour les services de sa femme auprès de feu la Dauphine, 2,360 liv.; et pour les services
de son frère, premier valet, 3,000 liv. Faydeau de Brou
recevait modestement, 8,000 liv. pour services de son père,
et pour les siens propres dans des intendances, 4,000 liv.
Ex-commandant de bataillon, le comte de Maillé-Brezé
avait de pension 200 liv. pour les services de feu son

frère, 1,500 liv. pour les siens, et 1,500 liv. pour ceux
d'un autre frère. Le comte de Valence-Timbrune recevait
depuis 1785, pour les services de son frère *existant*,
6,000 liv. En 1738 mourut le marquis de Bonnac; son
fils, le comte de Donezan, hérita alors de ses services
pour 1,800 liv., et en 1762 pour 1,000 liv. de supplément : en pensions et charges ce comte touchait à quatre
ministères 24,000 liv. Mlle Arnoux, devenue marquise
des Issarts, eut, en considération des services du père de
son mari, 1,500 liv.; elle se remaria au marquis de Ro-
chegude, dont les services lui valurent encore 3,000
liv.; à l'âge de cinquante ans, elle convola en troisièmes noces avec le marquis de Montpesat; mais c'était
vers 1789, et la caisse de la guerre fut débarrassée de cette
pensionnaire. La comtesse de Vaudurant avait un gros intérêt à ne pas devenir veuve, car la pension de 30,000 liv.
de son époux se serait réduite pour elle à 2,000 liv.

Tantôt les services profitaient à plusieurs parens, tantôt
à un seul. En considération du feu comte de Broglie, ambassadeur, son fils eut de pension 5,000 liv., et sa fille
3,000 liv. Le partage des pensions, si noblement acquises
à la famille du brave Montcalm, se fit ainsi : 3,540 liv.
sa veuve, 900 liv. à son fils, et à sa fille 400 liv. Le comte
de Béthizy, brigadier, recevait depuis 1767, pour services
personnels, 3,000 liv.; en outre 2,000 liv.; de plus 5,000 liv.
depuis la mort de son père; mais les services paternels ne
rapportaient rien au chevalier de Béthizy, maréchal-de-
camp : il est vrai qu'il avait 15,540 liv. de retraite, avec
l'espoir d'un gouvernement. Les services de plusieurs prélats furent estimés ainsi par des pensions; ceux de l'archevêque de Paris 4,000 liv. à Beaumont neveu; de l'évêque
d'Arras 2,200 au comte de Bonneguise, colonel. L'évêque d'Orléans, Jarente, avait deux nièces pour chacune
desquelles il sollicita à la Cour une dot de 100,000 liv.
L'une, devenue veuve du marquis de La Croix, eut, à

titre de réversion et à cause des services de son oncle, 9,000 liv ; l'autre, la marquise de Fortia Pille eut 9,000 liv. aussi comme nièce de Jarente, et 3,000 liv. par réversion. Pour compléter sa pension de 11.835 liv., du Coetlosquet recevait 2,000 liv. comme neveu de l'évêque de Limoges, précepteur, est-il dit, de S. M. Mme de Loménie Poupardin recevait 3,000 liv. pour services de feu son mari, avec assurance de 12,000 liv. après la mort de son oncle l'archevêque de Sens. Il est à remarquer que ces pensions en considération des prélats se payaient à la caisse des Finances ; et Dumarsais languissait, comme Rousseau, dans la détresse.

La faim mit au tombeau Malfilâtre ignoré.

Une pension souvent n'était point une retraite, mais un encouragement et un titre à l'avancement. Le concierge du château de Saint-Hubert touchait sans retenue 9,454 l., tant à cause de ses anciens services que de ceux auxquels il pourrait être obligé à l'avenir en la même qualité, et il était âgé de soixante-sept ans. Gillet de la Caze, premier président à Pau, recevait depuis 1768, par réversion de la pension de feu son père, 2,000 liv. ; en 1782, en considération de ses services, 6,000 liv. ; en 1789, encore 6,000 liv. comme retraite. En 1765, de Montholon, premier président à Metz, obtint, pour ses services, 4,400 liv. ; en 1766, pour les mêmes services et pour ceux de son oncle, encore 1,696 liv. ; même année, 3,000 liv. en considération de son mariage, avec réversion de 6,000 liv. pour douaire : en 1789 il cumulait ces pensions avec les gages de premier président du parlement de Rouen. Retraitée en qualité de dame d'atours, la comtesse de Montmorin eut 8,163 liv., et la même année une autre pension de 10,000 liv. De son côté, le comte de Montmorin touchait 18,325, dont 10,000 liv. pour dix années de services diplomatiques ; en outre il avait un com-

mandement. Ainsi la comtesse de Polignac fut pensionnaire, en 1779, à 3,000 liv.; deux ans après, autre
pension de 10,000 liv. Pensionné de 6,000 liv., encore de
6,000 liv., le comte de Rieux, est-il dit, attendait quelque autre grâce.

On rencontre fréquemment dans ces listes immenses,
surtout dans les dernières classes, des titres honorables à des
pensions légitimes. Le comte de Beust en avait mérité une de
8,000 liv., à cause de la remise de sa recette pour teindre
d'une manière inaltérable les soies et autres étoffes dans
toutes les teintes et demi-teintes. Ce n'est qu'à l'article de
Mme d'Amblimont qu'on lit, 9,000 liv. pour sacrifices
par ses ancêtres de leur fortune et de leur vie au service de
l'État. Burgues de Missiessy et le marquis de Beauharnais,
anciens chefs d'escadre, n'avaient de pension, l'un que
4,000 liv., l'autre que 3,708 liv., un peu plus que Bois-
selle, huissier ordinaire réformé de M. le comte d'Artois,
moins que le comte de Dian, porte-manteau de Mme Louise,
beaucoup moins que Mlle de Fleury, dame du Palais, et
qui avait de retraite 5,400 liv., avec réversion entière en
faveur de sa future belle-fille. La guerre de l'indépendance de l'Amérique procura d'honorables pensions à des
officiers supérieurs. Le duc de Laval, colonel, en obtint une
de 12,000 liv.; Mathieu de Montmorency, aussi colonel,
une de 4,000 liv. Commandant de l'armée navale, le comte
de Bouexic eut une pension de 6,000 liv.; et comme en
1784 il devint, de grand'croix de saint Louis, chevalier
du Saint-Esprit, afin de l'indemniser de la perte qu'il
éprouvait au changement de cordon, il eut une pension
égale, 3,000 liv. Le nom de la Fayette n'est point inscrit
sur l'état des pensions; ce général trouva parmi les siens
un imitateur de son désintéressement : on lit à l'article
du prince de Poix, pensionné à 8,000 liv. : *Il a fait à la
Nation le sacrifice de sa pension.* Nous n'avons vu de
semblables renonciations qu'aux noms de Nicolaï, pre-

mier président, pour 10,000 liv., et de Villedeuil pour
15,000 liv.

Il est remarquable qu'à l'époque où la France jouissait
d'une paix profonde, les services militaires reçurent coup
sur coup des redoublemens de pensions. On en cumulait
quatre, cinq, six; à peine une pension obtenue il s'agis-
sait d'en emporter une autre, et les services ne manquaient
jamais. Dans quatre années, Montalembert de Cers et le
marquis de Montalembert obtinrent en diverses pensions
29,240 liv., en qualité d'ex-sous-lieutenans des chevau-
légers réformés. De 1785 à 1788, les princes de Salm-Salm
et Lambesc eurent deux pensions de 12,000 liv., et le
prince de Rottimbourg, 16,000 liv. Ce prince, âgé de 37
ans, était maréchal de camp.

Terminons cet examen, qui rappelle tant de catastrophes, sans qu'elles aient pu corriger les enfans gâtés de la
fortune, ni éclairer les dispensateurs de ses faveurs. Il n'y a
plus de comte de Rougé, pensionné à l'âge de quatre ans de
4,000 liv., à 26 ans de 10,000 liv., en attendant un fief;
ni de comte de Saint-Chamans, absorbant 13,500 liv. pour
des motifs différens; ni enfin de vicomte de Monteil, gratifié
de 503 liv. pour services en qualité de mestre-de-camp, et de
6,000 liv. comme gentilhomme de la manche : mais beaucoup *d'autres considérations de services* grèvent de nouveau le trésor public. Dès ce temps-là, l'administration
s'octroyait des pensions de retraite plus fortes que celles
des officiers. Delacroix, âgé de cinquante-un ans, empor-
tait du secrétariat de la marine 6,500 liv. : c'était autant
que le comte d'Hector, les deux tiers plus que la plupart
des capitaines de vaisseau. La Motte-Piquet avait une
retraite de 3,000 liv., autant que le basson de la musique.
Du Tillet, ancien exempt des Gardes-du-corps, touchait
à la guerre 5,000 liv., et Kellermann, maréchal-de-camp,
3,000. La veuve du concierge du château de la Muette
ouissait par réversion de 6,000 liv., et la veuve du célèbre

Monclar, procureur-général, de 4,000 liv. Montoreux avait 3,000 liv. pour 52 ans de services, en qualité de conseiller et de président à Besançon. Callet, porte-faix de la chambre du feu Dauphin, pouvait bien être un des pensionnaires de l'Etat les plus probes; mais fallait-il, pour procurer à ce privilégié une pension de 998 liv., en attribuer la moitié à la considération des services de son père, qui lui avait remis sa charge?

CHAPITRE XV.

Livre Rouge. État des Pensions de 1789.

L'ANCIEN Régime s'écroulait, ses ruines laissaient à découvert des monumens inconnus de ses désordres et de ses attentats. Chaque jour apportait de nouvelles révélations ; la lumière jaillissait de toutes parts, non comme la lave qui laisse apercevoir entre elle et le cratère qui la vomit, de riches moissons qu'elle va embraser. Ainsi, la Nation apprit qu'un emprunt fait par l'abbé Terray avait reçu un supplément de 45 millions, que les courtisans et les protégés des Ministres s'étaient partagés. Ainsi furent connus enfin les mystères des *Ordonnances de comptant* qui avaient enlevé au trésor de l'État près d'un milliard. Ni l'objet de la dépense ni le nom de ceux qui profitaient de ces ordonnances n'étaient indiqués : elles portaient seulement la somme à payer : le Roi les signait sur un *bon* que gardait le Ministre. Un des premiers *bons* qu'avait signé le jeune roi Louis XV ordonnait l'exil de d'Aguesseau.

Mais 1789 est déjà refoulé dans le passé. L'oubli n'a pas épargné les cahiers rédigés pour les États-Généraux, et dans lesquels les Français déposèrent avec tant d'énergie leurs plaintes et leur volonté. Ceux qui accusent la

Révolution ne peuvent la condamner sans absoudre l'Ancien Régime de ses déprédations et du despotisme, sans regretter les vices d'une société corrompue. Leurs récriminations dissimulent mal leurs calculs : elles leur sont profitables ; elles sont aussi imprudentes, car elles pourraient provoquer de graves comparaisons entre l'époque actuelle et celle qui l'a précédée. Un déficit de 54 millions fournit à la Nation l'occasion de renverser ses institutions, et maintenant la liquidation des dépenses de la guerre d'Espagne, qui a coûté à l'État 300 millions, va passer presque inaperçue. L'Émigration emporte, pour ses *réparations*, un milliard. L'opinion publique s'agita beaucoup lorsqu'elle eut contraint la Cour de lui remettre son *Livre Rouge* : « registre honteux des déprédations, des folles dépenses, des dons abusifs d'un Gouvernement à la fois pillard et prodigue. La fouille de ce cloaque, ajoute le marquis de Ferrière, fit faire un pas de géant à la Révolution. »

Ce Livre Rouge était composé de 122 feuillets. Il attesta des déprédations commises depuis 1774 jusqu'à 1789 (14 ans et 9 mois) pour une somme de 227,985,716 liv. Le chapitre Ier présente 28 millions donnés à deux princes, « élevés dès l'enfance au milieu du luxe d'une grande Monarchie, et mis à la tête d'une administration très-étendue dès l'âge de seize ans. » Chapitre II, intitulé *Dons et Gratifications : Mesdames*, don du prix de Bellevue, 754,337 liv. 15 s. ; de Croismard, pour l'aider à payer sa terre de Voisins, 50,000 liv. ; la comtesse de Maurepas, 166,666 liv. ; gratification de 30,000 liv. à du Vergier ; 60,000 liv. à Gonnet, comme retraite et afin qu'il payât ses dettes ; la princesse Christine, pour perles diamans remis par elle, 158,993 liv. ; pour ses dettes, 150,363 liv. ; de Civrac, 285,000 liv. ; le premier Président du Parlement de Paris, 46,500 liv. ; 23,000 liv. pour remise à la famille de Soubise de droits de lods et ventes ; le Rhingrave de Salm, 400,000 liv. ; Lamoignon, garde des sceaux, 200,000 liv. ; Vergennes, 150,000 liv. ; Saint-Priest fils, adjoint à l'intendance de Languedoc, 200,000 l. ; même somme à Sartine pour acquitter ses dettes ; secours de 100,000 liv. à d'Angevillier ; 60,000 liv. à la comtesse de Lameth. Cette dernière somme fut remboursée au trésor par MM. de Lameth : ils n'eurent point d'imitateurs.

Chapitre III, *Pensions et Traitemens* : il montait à 2,221,000 liv. Entre autres pensionnaires figurent de Maupeou, pour 32,000 liv. ; Mme du Défant seulement pour 6,000 liv. ; la comtesse d'Albani pour 60,000 liv. , et son mari, 30,000 liv. ; la marquise de Clermont-Tonnerre pour 12,000 liv. ; la comtesse de Brienne pour 20,000 liv. ; la comtesse d'Ossun, dame d'atours, 20,000 liv. pour sa table, 15,000 liv. de pension, 30,000 liv. étant devenue veuve ; le Monnier, 20,000 liv. ; le prince de Condé, 25,000 liv. ; le prince de Deux-Ponts, 20,000 liv. Un ministre qui jouissait de 98,000 liv. de traitemens et pensions, et qui avait fait donner des pensions à onze personnes de sa famille, demanda en 1787 un duché héréditaire, 60,000 liv. de pension, etc. Enfin des pensions étaient accordées par des ministres sans la volonté, contre la volonté du Roi.

Le chapitre IV, *Aumónes* du Roi et de la Reine, ne monte qu'à 254,000 liv. ; mais le chapitre V s'élève à 15,254,000 liv., et il est intitulé : *Indemnités, Prêts, Arrangemens de comptabilité.* Ces indemnités tenaient lieu de la retenue du dixième que subissaient les pensions. Par exemple, la princesse de Talmont eut 4,000 liv. , le duc de Saint-Aignan 22,680 liv. , et Mme de Cassini 60,000 liv. , à la place d'un emploi à la Loterie. La suppression d'un libelle coûta 22,680 liv. La comtesse Dubarri reçut 1,200,000 liv. pour remboursement de contrats abandonnés par elle au Roi. *Prêts* : au prince de Deux-Ponts, 945,000 liv. ; à la maréchale de Mirepoix, 125,000 liv. pour constituer une rente viagère de 10,000 liv. Le chapitre VII, *Affaires de finances*, est de 5,825,000 liv. On classa les *affaires étrangères*, *les affaires secrètes des postes et autres* dans le chapitre VIII. Jamais peut-être la diplomatie n'a glissé dans ses comptes autant d'affaires secrètes. Ce chapitre montait à 135,804,000 liv., et il fut l'objet de quelques explications de la part du ministre, afin de détruire les bruits répandus que la Cour de Vienne recevait des subsides.

Le chapitre IX, *Dépenses diverses*, révèle quelle économie le Roi apportait dans ses dépenses propres : voyage à Cherbourg, 148,000 liv. ; naissance du Dauphin, 324,000 liv. Les dépenses secrètes de la police sont portées, pour 1774, à 63,000 liv. Elle ne coûtait par an que 1,400,486 liv. Durant les quatorze années et neuf mois, les *dépenses personnelles* au Roi et à la Reine son comptées, dans le chapitre X, pour 11,423,000 liv. Louis XVI pouvait montrer ces chapitres à ses ennemis, pour réfuter beaucoup de calomnies ; à ses amis, pour se plaindre des abus qu'ils avaient faits de sa bonté, et des malheurs qu'attirait sur sa famille leur avidité à cumuler des gratifications, des pensions, etc., etc. Le même Roi, qui avait accordé tant de millions aux courtisans, peu d'années après, acceptait, dans la prison du Temple, 100 louis pour ses besoins. Ce rapprochement laissera-t-il insensible la cupidité qui nous assaille ?

Le chapitre VI du Livre-rouge, intitulé : *Acquisitions, Echanges,* se monte à 20,868,000 liv., dont 9,073,000 liv. pour l'acquisition de l'Ile-Adam, propriété devenue naguères l'objet d'un procès presque historique. Dans le chapitre II on lit : Ordonnance de 80,000 liv. pour compléter les 170,000 liv. accordées par le Roi à la duchesse de Grammont, pour prix d'un domaine en Rouergue qu'elle vient de remettre à S. M. *et dont la finance n'a été liquidée qu'à 70,000 liv.* Ordonnance au porteur de 1,020,000 liv., à laquelle somme S. M. a fixé le prix de l'engagement du comté de Fénestrange, accordé au duc de Poli-

gnac. Ce comté a acquis encore de la célébrité en 1814.
Plusieurs échangistes publièrent, en 1789, des observations.

Outre le *Livre Rouge*, que Necker fut obligé de livrer
à l'Assemblée constituante, la Cour avait un autre registre
intitulé des *Décisions*, et qui n'était pas moins déprédateur. Chaque ministère tenait aussi un *Livre Rouge*. Ces
registres furent soustraits à la censure publique ; mais on
ne put lui dérober l'*Etat des Pensions* imprimé par ordre
de l'Assemblée constituante, sur les documens fournis par
les Ministres. On se convainquit que la corruption ne se
concentrait pas dans la Cour. En effet, cet Etat des Pensions la montre se répandant dans les hôtels des intendans et dans les évêchés, dans les couvens et dans les boudoirs, dans les loges de concierge et dans les châteaux.
Les familles puissantes à la Cour, soit qu'elles jouissent
depuis long-temps d'une grande influence, soit que leur
crédit fût récent, avaient de longues parentés ; et par orgueil comme par intérêt, elles se composaient des clientelles parmi la Noblesse de province, qui participait ainsi
aux faveurs et au pouvoir de ses patrons. Les pensions contribuaient, avec les emplois et les priviléges, à grossir incessamment les biens de la Noblesse urbaine et campagnarde. Maintenant, le recueil des Pensions de 1789
n'offre plus que des matériaux purement historiques. On
les a même omis jusqu'à présent ; mais le procès intenté à
la France oblige à les produire, pour corroborer tant
d'autres preuves qui démontrent que toute l'*Emigration*
a été *indemnisée par l'Ancien Régime.*

On voit d'abord, dans l'État de 1789, la classe des pensions qui, uniques ou réunies, s'élevaient à 20,000 liv.
et au-dessus. La liquidation des unes datait de quelques
années ; d'autres étaient payées par le trésor public depuis soixante-dix ans. Bertin est porté pour 3,000 liv.,
après avoir quitté la place de contrôleur-général ; et Calonne pour 5,000 liv., afin d'être mis en état d'entrer au

Conseil : la retraite de ces contrôleurs généraux coûtait 132,000 liv. Le duc du Châtelet, 28,500 liv. ; le duc de Coigny, premier-écuyer retraité, 50,000 liv. dont 20,000 reversibles à son fils. Le duc de Polignac, premier-écuyer de la Reine, mais en survivance, avait 80,000 liv., toute cette pension reversible à son épouse; le marquis de Polignac, premier-écuyer de M. le comte d'Artois, touchait 12,000 liv. pour sa charge, et 12,000 liv. pour l'aider, est-il dit, à se soutenir à la Cour avec la décence convenable à son rang. Sept membres de la famille Polignac se partageaient 136,500 liv. Le baron de Breteuil recevait 91,729 liv. : Sartine, aussi ex-ministre, 86,720 liv. ; le maréchal de Ségur, comme ministre d'Etat, 20,000 liv., comme ancien ministre 30,000 liv., en somme 83,300 liv.; et Malesherbes seulement 27,080 liv.

Depuis 1776, chaque gouvernement général de province rapportait 60,000 liv., et la première classe en comprenait trente-neuf : les vingt-un gouvernemens de la deuxième classe valaient chacun 30,000 liv. Les Etats du Languedoc devaient payer à Montmorency-Luxembourg 40,000 liv. tant qu'il ne serait pas pourvu d'un gouvernement. Même pension au duc de Fronsac (Richelieu) pour semblable motif. Goyon de Vaudurand, pensionné à 22,000 liv., avait de plus 8,000 liv. en attendant. Thierry de Ville-d'Havré touchait en bloc 37,336 liv., dont 23,500 reversibles à son épouse, et 20,000 liv. depuis 1777, pour lui faciliter l'acquisition de la charge de premier valet-de-chambre du Roi.

Mlle de Launay, dès 1711, était pensionnée à 4,720 liv. afin de favoriser son mariage : devenue marquise d'Haussy et sous-gouvernante des Enfans de France, elle jouissait en 1789 de 24,980 liv. de pension. A cause des services de son mari, Mme de Mailly recevait 20,000 liv., autant que Mathieu Molé, ancien premier-président, autant que la maréchale de Richelieu, qui touchait sa pen-

sion sur les appointemens du gouverneur de la Guyenne.
Parce que la maréchale de Mouchy avait été dame d'honneur, elle recevait sur le trésor 35,458 liv ; la maréchale de Mirepoix, dame du palais, 78,000 liv. : née de
Levis, elle se disait cousine de la Sainte-Vierge, et prenait
place néanmoins sur le devant de la voiture de la Dubarri.
Gouvernantes des Enfans de France, la comtesse de Marsan
avait en pensions 34,560 liv., et la princesse de Guémenée 60,000 liv. Huit pensionnaires des noms de Clermont-
Tonnerre, Gallerande, Clermont-Touchebœuf et Crève-
cœur, touchaient ensemble 90,000 liv. Enfin, cette première classe comprenait quatre-vingt-trois parties prenantes, et donnait un total de 2,895,623 livres.

Heureuse, trois fois heureuse la Noblesse ! Tandis que
le laboureur et le bourgeois, accablés d'impôts, et gar-
rottés par les Priviléges, usaient dans la détresse une vie
laborieuse, la pension attendait les Nobles à leur berceau, s'accroissait avec leurs années, grossissait leur patrimoine déjà très-riche; et qu'ils rendissent des services à
l'Etat, ou qu'ils fussent incapables de le servir, ils ne des-
cendaient pas dans la tombe sans imposer encore à la Nation
la charge de leur postérité. L'État des pensions est une espèce de nobiliaire ; sa deuxième classe comprend les pensions de 8,000 à 20,000 liv. On aperçoit les grandes Notabilités et les Notabilités secondaires, des princes et des valets-
de-chambre, l'écuyer à côté du magistrat, et tous les arri-
vans à la fortune. A peine âgée de 16 ans, en 1757, Mme de
Luc - Saluces, dame pour accompagner ordinairement,
obtenait 4,000 liv. de pension reversible à ses enfans et à
leur postérité. La comtesse de Baschi, et par les services de
son père, et en faveur de son mariage avec le comte de
Monteynard, recevait 6,000 liv. de pension reversible à
son mari et à leur postérité. Le comte de Chambord, gentilhomme d'honneur, avait, en 1766, 4,000 liv. pour
son éducation : en 1783, on ajouta 6,000 liv. pour fa-

ciliter son établissement , avec assurance de 10,000 liv.
d'une autre pension dont jouissait sa mère.

Des millions étaient absorbés par les seules considérations d'établissement et de mariage. Le prince d'Hénin
était gratifié de 4,000 liv. sur le ministère de la maison
du Roi , en faveur de son mariage ; la princesse, à son
tour , recevait des Finances une pension de 4,000 liv.
qui devait aussi lui servir de douaire ; de plus , 14,000 liv.
comme dame du palais. La petite-fille d'Ossun , en épou-
sant le duc de la Force , fut dotée sur le trésor de
10,000 liv. de pension. Agée de soixante-un ans en 1789,
Mlle Amelot était pensionnée pour 10,800 liv. depuis
1779 , époque de son union avec le marquis de la Force.
Depuis 1741 , Mlle de Breteuil touchait 10,000 liv. en
considération et des services de son père et de son
union projetée avec le comte de Clermont Tonnerre.
Mais le comte de Coucy, colonel, n'obtint pour services
que 2,400 liv., et que 3,000 liv. pour faciliter son mariage,
en considération des services de son illustre maison, alliée
à celle de France.

Le comte de Turpin-Crissé recevait pour son mariage
consommé en 1759, une pension de 10,000 liv. , et une
autre de 20,000 liv. Ainsi le prince de Craon , marié en
1772 , continuait de toucher pour cela 8,000 liv. et
11,960 liv. par d'autres pensions. En 1755 , mariage
entre Choiseul-Beaupré et Mlle de Montrégard : la caisse
de la Guerre payait encore en 89, à ces époux, 4,720 liv.
Douze ans employés à des travaux pour fertiliser les
landes du Poitou, ne valurent au marquis d'Escars que
2,000 liv. de pension ; peut-être parce que , marié en 1761,
avec Mlle d'Arguette , il recevait une autre pension de
6,080 liv. La faveur de mariage n'avait procuré que 1,900
liv. à Mlle de Mailly : elle n'en devint pas moins princesse
de Montbarrey, et reçut 12,000 liv. pour services de sa famille. Agée de vingt ans , la petite-fille du duc de Castries

obtint une pension de 10,000 liv. Des veuves se faisaient donner des pensions afin de pouvoir convoler en secondes et en troisièmes noces. Ainsi Mlle le Changeur devint veuve en 1759 de Montmirel, premier commis de la Guerre, dont la pension de 10,000 liv. lui revint par réversion, pour la moitié. En 1764, elle obtint 1,000 liv. Cette pension était pour faciliter son mariage avec Clavière de Bannière, et celui-ci, en cas de survivance, devait en jouir ; mais si Mlle le Changeur redevenait veuve, elle avait l'assurance d'une réversion de 8,850 liv. sur les diverses pensions de son mari.

La réversion était un moyen de perpétuer les pensions. Capitaine de l'équipage du Roi pour le sanglier, d'Ecquevilly avait de retraite 10,000 liv., avec réversion de 6,000 liv. en faveur de son épouse ; le duc de Gontaut-Biron, lieutenant-général, recevait 19,000 liv. avec réversion en faveur de celui de ses enfans qu'il voudrait désigner ; Mme de Biaschi, 12,000 liv., dont 4,000 à cause des services de feu son mari et des blessures *cruelles* qu'il avait reçues, et 8,000 liv. à titre de réversion, suivant l'assurance qu'elle en avait eue. Dès le premier jour de son mariage (1770) la marquise de Narbonne jouit de son douaire, c'est-à-dire d'une pension sur l'Etat de 8,727 liv. Au moyen d'une réversibilité rétroactive, Mme Guignard de Saint-Priest touchait 15,000 liv. ; d'abord en 1781, 12,000 liv. par réversion suivant décision de 1762 et 1776 ; puis en 1785, 3,000 liv. par supplément et pour en jouir à compter de 1780. Le vicomte de Gand n'était pas encore marié quand il recevait 10,000 liv. de pension réversible à titre de douaire. A la mort de son mari retraité à 15,310 liv., la comtesse de Montboisier avait à recevoir 13,000 liv. Le marquis de Lescure, âgé de vingt-trois ans, jouissait aussi d'une partie des grâces qu'avait obtenues son aïeule, dame d'honneur. Gayot, conseiller d'Etat, recevait à la Guerre 24,000 liv. : par réversion, sa fille eut 8,500 liv. depuis 1768 ; ses deux petites-filles chacune 3,000 liv. ; enfin la survivante devait jouir de 12,000 liv. La réversion amena la substitution. Danger, lieutenant-général, renonça à une gratification annuelle de 6,000 liv. pour procurer à son fils, brigadier, une pension de 4,000 liv., et à son autre fils 1,000 liv. aussi de pension. Boisgelin se démit d'une pension de 7,334 liv. au profit de la marquise de Herzelles.

Agé de soixante-onze ans, le marquis d'Asfeld, maréchal-de-camp, n'en attendait pas moins un gouvernement depuis 1777 qu'il recevait 2,000 liv. dans cet espoir ; en outre il jouissait de 6,360 liv. pour les services de son père, et de 3,000 liv. pour les siens propres. Les services du comte de Chamisso, officier du même grade, ne lui valaient aussi que 3,000 liv. ; mais il avait 6,000 liv. dans l'attente d'un gouvernement. Fraguier touchait 8,000 liv., plus 4,000 liv. dans l'espérance du gouvernement d'Avesnes. Le duc de Guiche espérait aussi depuis 1780 la charge de capitaine des gardes-du-corps ; il avait vingt-quatre ans et il recevait 10,000 liv. pour sa survivance : déjà, et en 1762, à l'âge de six ans, il touchait 3,000 liv. en considération des services de feu son père, et en 1779, la même pension avait été doublée, avec réversion de 6,000 liv. pour douaire de Melle de Polignac, son épouse. Le marquis de Jaucourt obtint en 1779 une pension de 8,000 liv. en attendant une lieutenance-générale : il n'avait pas encore cette charge en 1781, et il eut une augmentation de 4,000 liv. ; enfin en 1789 il était gouverneur du comté de Blaye, et il n'en touchait pas moins 12,000 liv. de pension. Ainsi Mme Berghes recevait 5,400 liv. aux Finances dans l'attente d'une place de dame du palais, et Champlost 4,000 liv. en espérant succéder à son frère, survivancier du premier valet-de-chambre.

L'Indemnité produisait aussi des pensions. On accorda 3,000 liv. à Hamelin, ancien premier commis du Contrôle, et 15,000 liv. à titre de retraite et à cause de la modicité de sa charge qu'il continua de remplir : c'était la recette générale de la généralité de Bourges. Le duc de Fitz-James succéda à son père, en 1787, au gouvernement du Limousin ; en 1788 il obtint sur la Guerre une pension de 15,760 liv. pour remplacer la portion d'appointemens supprimés sur cette charge. De son côté, la duchesse de Fitz-James, dame du Palais, recevait aux Finances 6,000 liv. pour l'aider à se soutenir d'une manière conforme à sa naissance et à son rang. Quand le comte de la Châtre devint le gendre de Bontemps, celui-ci était gouverneur des Tuileries, et cette charge avait été conservée à sa fille ; mais le comte fut privé du gouvernement et d'un intérêt sur les fermes, et il n'eut point un domaine qui lui avait été promis ; il fut indemnisé par une pension de 12,000 liv. En 1757, la comtesse de Beauvilliers, dame d'honneur en retraite à l'âge de trente-six ans, jouit d'une pension de 18,979 liv. ; son mari, gouverneur du Hâvre, se fit payer 10,000 liv. comme supplément.

De Montmort, lieutenant-général, ex-major des Gardes-du-Corps, gouverneur de Givet, touchait en pension 9,250 liv., et 50 liv. en indemnité du loyer de la barque marchande de Dinan à Givet. Souvent des courtisans obtenaient des pensions de 5 et 10,000 liv. en attendant des emplois : étaient-ils pourvus de gouvernemens, de commandemens, leurs pensions subissaient d'abord quelque réduction ; mais peu après, ils recevaient des indemnités pour ces retenues, et d'autres pensions pour services. Le Trésor leur était aussi une assurance du prix qu'ils mettaient à des charges ; il les indemnisait par des pensions de cinq pour cent de la somme qu'ils perdaient en revendant ces emplois.

C'était sur les Affaires étrangères que Mme de Bonnac avait une pension de 4,000 liv., en qualité de dame à accompagner une princesse ; mais la duchesse de Narbonne, dame d'honneur de Mme Elisabeth, touchait 1{,000 liv. sur le Ministère des finances, comme le président de Manibau à Toulouse, qui, pour se soutenir dans sa charge, avait obtenu 6,000 liv. de pension. Le Ministère de la Maison du Roi payait à Omer de Fleury, 1°. (1755) 7,080 liv. pour services en qualité d'avocat-général; 2°. (1767) 6,000 liv. parce qu'il s'était démis de sa place en faveur de son fils; 3°. (et en 1769) 4,000 liv. pour services comme premier président. Melle de Noailles, duchesse de Duras, en qualité de dame du Palais et pour l'aider à se soutenir avec la décence qu'exigeaient sa naissance et son rang, avait une pension de 9,000 liv. aux Finances; la même caisse payait en pensions diverses 13,915 liv. à Mme Mallard, nourrice du Roi; tandis que le Ministère de la Maison donnait à Mercier de la Source, comme fils d'une autre nourrice, 1,770 liv., comme maréchal-de-camp, 1,500 liv., et puis 2,000 liv., moitié de la pension de son père. Ainsi la baronne de Mackau recevait au même Ministère, depuis 1775, 2,400 liv. comme sous-gouvernante; en 1778, pour nourriture, 3,600 liv.; en 1776,.472 liv. pour favoriser son établissement; même année 3,000 liv. comme veuve d'un ministre près la diète de l'Empire; en outre 260 liv. comme fille d'un colonel d'artillerie; enfin en 1787, pour services auprès du Dauphin, 2,400 liv. Melle Mackau reçut de même 3,000 liv. en faveur de son mariage avec de Bombelles, mestre-de-camp : le fils Mackau se maria aussi en 1780 à Melle de Chazet, et en attendant que le beau-père eût une place de finances de premier ordre, le gendre recevait une pension de 3,000 liv. sans retenue. C'était le Ministère des finances qui payait à la comtesse de Jaucourt, abbesse de Denain, 5,000 liv. par bienveillance de S. M.; à la fille du vicomte de Durfort, aussi chanoinesse, une autre pension de 2,500 liv.; à l'abbesse de l'Argentière, 2,400 liv. pour la représentation de sa place; à la première prieure du

Chapitre noble de Saint-Martin , 4,000 en considération des services de ses ancêtres. Enfin Papillon de la Ferté, un des commissaires de la Maison du Roi, Mesnard de Chousy, premier commis du même Ministère, Nogaret, trésorier d'un prince, recevaient aussi à la caisse des Finances, le premier 18,000 liv., le second 19,400 liv., avec réversion de 10,000 liv. ; le troisième 13,500 liv.

Souvent on ne comptait de *nourriture* qu'aux gens de la domesticité. Cette subsistance était payée 5,024 liv. à d'Artès, premier valet-de-chambre du Dauphin, qui, pensionné de 4,966 liv. comme valet, de 300 liv. comme lieutenant de cavalerie, de 1080 liv. comme capitaine, avait obtenu de 1759 à 1766, cinq pensions montant à 13,180 liv. Mais Hevin, chirurgien ordinaire du Dauphin, n'avait pour nourriture que 1,825 liv. , et pour les bonnes fêtes que 48 liv. Au lieu de ces fêtes, la première femme-de-chambre avait 189 liv. , en outre 8,000 liv. de pension. Valet ordinaire, d'Antigny touchait pour retraite 985 liv. et 1,825 liv. pour nourriture. Pensions, 2,390 liv., et nourriture, 1,000 liv.; telle fut la retraite de la blanchisseuse de linge de corps de l'un des princes. Un écuyer ordinaire obtint pour retraite et nourriture 4,472. Deux vétérans de la musique du Roi avaient chacun de pension 2,000 liv. , de nourriture 1,200 liv. La vicomtesse d'Aumale, ex-sous-gouvernante, recevait pour nourriture 7,215 liv. : ce qui portait sa pension de retraite à 21,076 liv. (1).

Pensionnaire de l'Etat, ce dut être un titre honorable dans tout gouvernement juste et sage, parce qu'il suppose être la récompense de services réels et signalés, de talens distingués. On aime à citer les articles de Lagrange,

***

(1) La rédaction de l'État des pensions est parfois vicieuse. Mme Le Sénéchal , âgée de trente-cinq ans, 8,000 liv. à titre de douaire, et tant en considération des services de feu son mari que pour faciliter son mariage avec lui. Mlle de Civrac, 5,000 liv. pour partie des grâces dont jouissait la feu demoiselle de Civrac , sa mère, dame d'honneur.

directeur de l'Académie de Berlin, 6,000 liv. (1787), pour lui faciliter les moyens de s'établir et de se fixer en France; de Laharpe, 3,000 liv. pour encouragement; les articles de Chamfort pensionné de 3,200 liv.; de Cappronier, dont la veuve recevait 2,675 liv., en partie pour la valeur d'une collection précieuse d'ouvrages grecs et latins; du savant Lesage, 5,000 liv. pour cession de son cabinet de minéralogie; de Faujas de Saint-Fond, 6,000 liv., pour avoir apporté en France le procédé d'extraire le goudron de la houille et de la pouzzolane. Peut-être faut-il attribuer en partie à la crainte des maladies, qui, depuis des siècles, rendait la Cour si facile sur les spécifiques, les pensions dont jouissaient, le professeur Gamet pour un remède contre les maladies cancéreuses et nerveuses (3,000 liv.); Bascher, auteur d'un remède contre l'hydropisie (3,000 liv.); Lallouet, qui promettait de guérir radicalement les maladies vénériennes (4,000 liv.). Grétry, pensionné en 1771 à 2,400, en 1780 à 3,600 liv.; Piccini, à 6,000 liv.; les deux Vestris, à 5,000 liv.; Mlle Dumesnil, à 3,500 liv.; Molé, à 3,000 liv., dont 2,000 liv. pour services et pour avoir formé deux élèves; Préville, à 2,500 liv.; Gardel, danseur des ballets, à 4,800 liv. pour retraite; l'architecte Perronet, à 5,000 liv., étaient des preuves de la protection royale pour les beaux-arts.

Vermont avait sans doute bien mérité, comme accoucheur de la Reine, une pension de 12,000 liv., car le premier médecin de *Madame* était pensionné de 18,000 liv. Mais pourquoi faire un pensionnaire de l'État de la remueuse des Enfans de France, qui, de 1778 à 1787, gagna dix pensions montant à 7,775 liv.? Pourquoi fournir une espèce d'estimation des parties diverses de l'éducation, en portant sur l'état des pensions Gilbert, maître à écrire du Roi et des Enfans de France, pour 3,075 liv., y compris la nourriture; Delaval, maître à danser des Enfans de France, pour 960 liv.; leur maître de dessin et aussi porte-arquebuse, pour 6,750 liv.; le marquis de Vernon, maître d'équitation de Mme Élisabeth, pour 3,000 liv. en 1782, en outre pour 3,000 liv. en 1783; de Caix, maître de viole de Mesdames, pour 3,270 liv. depuis 1750; Lagarde, maître de musique des Enfans de France et compositeur, pour 8,080 liv.? Hors des appartemens, qu'étaient-ce que des valets et garçons, premiers et ordinaires, de la garde-robe, retraités l'un à 3,445 liv., l'autre à 3,000 liv., un troisième à 6,236, en considération de leurs services; tandis que Duplessis d'Argentré, lecteur du Roi et des Princes, avait de retraite 6,000 liv. ?

On conçoit que des gens de la domesticité durent s'en-orgueillir de voir l'État des pensions devenir pour eux une espèce de biographie. Dyalz, barbier du Roi, y lisait avec fierté : pension de 1,200 liv. en 1752, pour acheter sa charge; de 1,000 liv., en 1766, pour ses services; de 4,400 liv., en 1774, encore pour services avant l'avènement de S. M.; de 1,000 liv. en 1785, de 417 liv. en 1787 : total 7,787 liv. Ce barbier-valet-de-chambre mourut, et ses services valurent à sa fille une pension de 1,500 liv. Gelinck, second trompette, puis contrebasse, puis timballier, retraité à 2,650 liv.; Falco, musicien vétéran, à 4,000 liv.; Selliote, autre vétéran, à 8,516 liv.; des porte-arquebuses ayant 2 et 3,000 liv. de retraite, n'étaient cependant pas des personnages. Les registres seuls du ministère de la Maison auraient dû contenir les états de service de Bourgnon, qui, gouverneur des pages de la petite-écurie, gagna de 1779 à 1787 une retraite de 7,000 liv.; de Pigache, qui, comme commissaire de marine et puis en qualité d'huissier de Mme Sophie, fut retraité à 1,800 liv. et à 1,098 liv.; de Genouilly, qui, commandant de l'écurie de la Reine, eut 9,980 liv. Quoique intéressée à ce que le trône fût entouré de splendeur, la Nation ne devait pas apprendre que

Mme de Billy avait gagné en huit années, en qualité de femme-de-chambre, une pension de 9,720 liv.; que Mme de Lostanges, quoique dame pour accompaguer ordinairement, jouissait d'une retraite de 12,000 liv., non en considération de ses services, mais pour ceux cumulés de son mari et de son père; et que la comtesse de Tessé touchait 16,000 liv., savoir, 6,000 liv. en qualité de dame à accompagner de feue la Dauphine, et 10,000 liv. à cause de son mari, premier écuyer.

Mais les abus étaient trop invétérés, les fraudes trop révoltantes, les besoins du Trésor trop pressans, pour que le Ministère de 1789 pût les céler plus long-temps. Heureux Louis XVI s'il avait pu rompre les traditions d'une représentation fastueuse qu'avait accrue encore le despotisme de Louis-le-Grand! Heureuse la Cour elle-même, que Montesquieu qualifiait d'ennemie née du royaume, si elle avait réprimé la cupidité et l'orgueil qui la tourmentaient, en ruinant l'État! L'Assemblée constituante, que tant de gens condamnent sans vouloir la juger, comprenait bien la royauté; elle servait la monarchie, lorsqu'elle lui accorda une liste civile; et cette liste est triple de celle de plusieurs grands États, et la plus riche de toutes les dotations des trônes d'Europe.

En 1781, la dépense totale de la maison du Roi se montait à 25,700,000 liv., dont 800,000 liv. pour la table, et 8 millions pour la garde-robe, les écuries, la cassette et la vénerie. Les dépenses des maisons de *Monsieur* et de M. le comte d'Artois s'élevaient à 8,300,000 liv. Le trésor public payait en outre 7,681,000 liv. pour la maison militaire du Roi. Il n'est pas vraisemblable que 50 millions environ portés sur le livre-rouge et payés de 1774 à 1789, aient été un supplément. Les revenus des domaines de la famille royale suppléaient aussi à ses dépenses. Les apanages de tous les princes composaient la septième partie du royaume en superficie. Maintenant les domaines de la

couronne ne sont plus que de 2 millions. Les intérêts
do la dette de 30 millions reconnue en 1814, coûtent
2 millions. La liste civile est de 25 millions, celle des princes
et princesses de 7 millions. En outre, 3 millions sons payés
aux Gardes-du-Corps, et 9 millions à la Garde royale en
supplément de ses dépenses ou priviléges sur la troupe de
ligne.

Les *Ordonnances de comptant*, fabriquées pour tant de
centaines de millions dans les orgies de Choisy et du Parc-
au-Cerf, et qui créèrent des fortunes encore florissantes,
sont perdues ; beaucoup d'autres registres ont disparu
dans la tempête révolutionnaire. Mais le Livre-rouge et l'É-
tat des pensions de 1789 sont indestructibles. L'Administration possède les registres qui attestent les profits
énormes des traitans : la liste des Émigrés subsiste, ainsi
que celle de leurs biens confisqués, ainsi que celle des
biens qu'ils ont soumissionnés, qu'ils ont recouvrés ; enfin
on a la liste des Colléges électoraux. Il semble que dans
une affaire aussi capitale que celle des Indemnités, la justice et l'intérêt de la France exigeraient que toutes ces
pièces fussent reproduites, méditées, comparées. On ne
devrait pas oublier que, depuis 1776 jusqu'à la fin de 1786,
les emprunts faits par Louis XVI ou pour son compté
s'élevèrent, suivant Necker, à 1,647,200,943 liv. On y
comprend la création d'offices qui, depuis seulement 1780,
procurèrent 39,532,337 liv.; et les *fonds d'avance*, qui
montèrent à 39,280,000 liv. Les livres des finances con-
tenaient bien plus sûrement que le livre du destin, le sort
terrible qui allait accabler notre malheureuse patrie.

CHAPITRE XVI.

L'Émigration indemnisée par la Restauration.

L'ANTIQUITÉ se préserva des pensions ; le désintéressement était une des vertus patriotiques. Ce sont nos gouvernemens modernes qui , dans leurs bagages , ont traîné
des caisses de pensions, et plus d'un trône a été élevé dessus. Mais supposons que les ruines du Parthénon ou du
temple de Saturne nous fournissent des listes de pensionnaires athéniens ou romains : comme l'érudition , lasse de
déchiffrer des hiéroglyphes et d'étudier des médailles ,
chercherait si le vainqueur de Salamine eut une gratification , si les services de Solon profitèrent à la fortune de
ses descendans ,. où était situé l'apanage de l'époux
d'Aspasie , le majorat de Cimon ; combien de mines formaient les pensions de Thucydide , de Sophocle ! On de-
manderait à Rome si elle prit en considération les services de Paul Emile , quels dédommagemens elle accorda
aux victimes de Verrès , comment elle indemnisa les familles exilées, ruinées par les proscriptions de Sylla et
d'Octave. Mais Phocion lutte contre la pauvreté, Aris-
tide et Démosthène sont bannis : mais ce sont les Gaulois
de Brennus qui exigent des indemnités ou contributions
de Rome saccagée , et non point les compagnons de Camille ; Cicéron n'invoque pour Marcellus que la clémence
de César, et le sénat repousse , par un ordre du jour, la
pétition de Hortulus.

Ce que l'antiquité n'a pu nous laisser , nous le légue-
rons à la postérité ; heureuse si nos maux ne l'atteignent
pas , si elle ne maudit point la cupidité de ses pères , si

les Indemnités ne provoquent pas des Indemnités contraires ! A défaut de monumens, a dit un de nos meilleurs écrivains, on pourrait avec le théâtre d'un peuple refaire son histoire, ou au moins la deviner. Les Indemnités et les Pensions ont aussi un côté théâtral ; mais le peuple serait repoussé de cette scène ; car il n'y paraîtrait que sous les haillons, famélique, sans avoir, comme les chœurs grecs, la liberté de déplorer les malheurs de la patrie. Si une révolution funeste ou protectrice des générations précédentes ne laissait un jour subsister de toutes nos bibliothèques que les Etats des Pensions de l'Ancien Régime, des Indemnités et des Pensions de notre époque, les hommes d'Etat et les historiens futurs s'expliqueraient sans peine les causes de la chute d'un régime pervers, et quelles étaient ces institutions que nous nous flattons de posséder.

Quel débordement de services, diraient-ils ! C'était comme une épidémie. Cette France dut être harcelée, tourmentée, attaquée et dans son sein et sur ses frontières, puisque sa reconnaissance lui fut si coûteuse. Mais voilà des généraux pensionnés pour les services d'antichambre de leurs aïeules ; des religieuses, pour paraître avec plus d'éclat, sollicitent des faveurs ; mais des offices de robe, d'épée, gagnés au jeu ou obtenus gratuitement, procurent des gages, des brevets, et encore des pensions : ce ne sont que déprédations. Existait-il alors un Gouvernement?.. Quel est cet autre recueil septuple du premier ? Ah ! du moins le sang du soldat ne fut point méprisé ; la philosophie passa par ce pays, puisque l'humanité fut rétablie dans ses droits. Que de malheurs lui coûta leur conquête ! Sa gloire militaire eut pour théâtre le monde entier, et pourtant elle ne laissa que des victimes innombrables. Mais deux ères, des vicaires et des colonels, armée royale, armée républicaine, ex-garde impériale ! Que de vicissitudes, que de désastres!.. Les pensions.

furent réglées par la loi, et non plus par l'arbitraire ; elles étaient bien modiques la plupart, mais toute la masse fait naître ce problème. Comment les finances de cet Etat purent-elles subvenir à tant de récompenses, à tant de secours?... La Nation cependant était chargée d'impôts les plus énormes ; elle n'avait pas un écu qui n'entrât dans les coffres du trésor, et le Fisc ne lui rendait cet écu que pour le reprendre aussitôt.

Le grand livre des Indemnités, dirait-on encore, nous apprend qu'une classe de Français émigra. Elle fut bien malheureuse lorsqu'elle tenta de rentrer dans sa patrie par la force des armes ; certes elle fut moins malheureuse quand ses armes lui furent arrachées : et bientôt elle rentra peu à peu. Beaucoup de ses biens avaient été confisqués, beaucoup aussi lui furent rendus ; la loi même céda avec facilité aux familles les biens dont la confiscation avait été commandée violemment. Alors l'Emigration fut reconnaissante, elle jura soumission ; on l'eût dite repentante : et, délivrée de ses anciennes dettes, elle refit ses affaires, et les fit bien, parce que l'infortune l'avait instruite. Un grand capitaine monta sur le trône d'où il repoussa la dynastie que l'Emigration avait juré de défendre ; elle se pressa autour de lui, le supplia de l'admettre à son service ; elle était propre à tous les emplois, et elle en obtint beaucoup (1). Enfin la légitimité fut reportée sur le trône, et l'auguste auteur d'une Charte constitutionnelle dit, en la présentant à la Nation : *Que jamais aucun souvenir amer ne trouble la sécurité qui doit suivre un acte aussi solennel.* Quelle n'eût pas été la félicité de la Nation et de cette dynastie vénérée! Mais les Emigrés voulurent avoir plus de places, de grades, plus de pensions;

_____

(1) Napoléon avait constitué un million à Mme d'Aremberg, en faveur d'un premier mariage. Mme d'Aremberg obtint la dissolution de ce mariage. Elle a épousé en secondes noces M. le comte de Quitry ; et le Domaine extraordinaire lui a compté, depuis 1814, la somme de 750,000 fr.

leurs malheurs les avaient préservés des malheurs de leur patrie ; ils occupèrent tous les postes de son gouvernement, et ils exigèrent d'elle encore des réparations. En vain le passé, que la justice s'affligea d'interroger, révéla-t-il l'origine impure de beaucoup de fortunes revendiquées, les Indemnités n'en furent pas moins accordées, partagées. Et la France !.. On l'abusait sur sa prospérité. Depuis, cette Nation si confiante, si vraiment grande par son génie et par ses mœurs aimables, languit courbée incessamment sous le poids des impôts, contrainte d'entretenir une administration ruineuse, sans commerce, supérieure par l'industrie et réellement pauvre. O France admirable, si digne d'être heureuse ! quel fut ton sort !

Puisse une postérité très-éloignée n'avoir pas à demander à des ruines, ou à une population misérable, notre belle patrie ! Mais qui songe à l'avenir, qui s'occupe de conjurer les révolutions qu'il amasse peut-être ? Des bords du Rhin, en 1792, fut poussé ce cri ennemi : *à Paris.* A *Berlin,* à *Vienne,* répondirent nos jeunes armées. L'Europe confédérée s'écria encore en 1814 et 1815, à *Paris.* Maintenant il semble entendre du milieu de la Nation silencieuse, abîmée dans les souvenirs de ses désastres, s'épuisant à réparer ses pertes, ces clameurs de quelques-uns : *à Paris, au Ministère des finances... le Grand-Livre.* Et la masse de ce livre, grossie si énormément depuis la Restauration, n'inspire aucune crainte !

A la mort de Louis XIV, la dette publique s'élevait, calculée en rentes à 5 pour cent, à 155,550,000 liv. Au 1er août 1793, elle se trouva être de 127,803,000 liv. De 1793 à l'an 8, elle s'accrut de 46,913,000 liv. Réduite des deux tiers par la banqueroute de l'an 6 (24 frimaire), elle aurait dû être fixée à 58,238,000 liv. ; mais le tiers consolidé inscrit n'était que de 40,216,000 liv. La dette publique s'accrut de 6,086,000 liv. par la dette inscrite pour les pays réunis à la France. Depuis 1800 jusqu'à,

1814 , 17,004,000 francs furent ajoutés, dont moitié pour acquitter l'arriéré. Au 1er avril 1814 , le total des cinq pour cent consolidés se trouva être de 63,306,000 fr. Depuis 1814 jusqu'à 1822 , la dette nationale fut augmentée de 114,877,202 fr. En y joignant l'intérêt des reconnaissances de liquidation et les charges annuelles de la Caisse d'amortissement , on a le total déjà si effrayant de 237,085,785 fr. La dette flottante de 140 millions pour être consolidée exige 7 millions ; les pensions s'élèvent à 61,673,025 fr. : qu'on ajoute les 30 millions de l'Indemnité , le million payé depuis 32 ans aux Colons de Saint-Domingue, et la France se trouve chargée de 336,738,810 fr. de rente. En outre, on évalue généralement à 300 millions en capital , les dépenses de la guerre d'Espagne.

Pendant les 25 années de la Révolution , quarante-quatre milliards d'assignats ébranlèrent toutes les propriétés , et les fonds publics parcoururent une immense échelle. Les rentes , descendues à 4 pour cent de leurs capitaux , s'élevèrent à 95 , et redescendirent à 45 ; enfin l'intérêt de l'argent fut porté à 2 , 3 , 4 , même 5 pour cent par mois. Que de désastres., que de souffrances , que de banqueroutes qui retombèrent sur la Nation déjà ruinée par le maximum , par les réquisitions ! Long-temps les propriétés ne produisirent aucun revenu aux propriétaires : malgré les contraintes du Fisc, les impôts fonciers furent anéantis. Ces pertes énormes frappèrent toutes les fortunes: l'Emigration en fut seule exempte. Des rentes, elle n'en possédait plus : tandis que les créanciers de l'Etat et les rentiers virent décroître et s'anéantir la totalité de leurs créances et de leurs rentes amorties (1).

Chargés de dettes déjà anciennes et de dettes nouvelles,

---

(1) Un grand nombre de familles pour lesquelles ne s'ouvrit pas le livre des pensions , souffrent encore et ne seront jamais indemnisées de la banqueroute de l'abbé Terray, en 1770, montant à 475,031,535 liv. , dont un tiers était en viager.

beaucoup, en 1791, allèrent passer quelques années à l'étranger : la confiscation leur épargna une expropriation. Rentrés avant et après l'amnistie, ils recouvrèrent des biens que les fidéi-commis protégèrent contre les créances : trois lois depuis 1814 leur accordèrent en outre des sursis jusqu'en 1820. Ils vont payer enfin? Non. Ils prétendent que les lois de la Révolution ont libéré les Emigrés envers leurs créanciers, et la controverse saisit de cette prétention les tribunaux. Mais les créanciers, bafoués avant l'Emigration, ont été contraints ensuite d'accepter un concordat vraiment révolutionnaire, qui leur a rendu peu ou leur a fait tout perdre. Beaucoup aussi, persécutés à cause de leurs anciennes relations avec leurs débiteurs, n'ont pu produire leurs titres plus ou moins réguliers, qui sont passés dans des successions, ou qui ont été perdus. En outre, des arrangemens secrets avec les acquéreurs ont procuré à d'anciens possesseurs des sommes considérables, qui ont été soustraites à leurs dettes. Les lettres de répit de l'Ancien Régime furent moins désastreuses.

Après l'amnistie, quelques-uns retrouvèrent des dépôts, des trésors cachés ; la plupart recueillirent des successions, dont beaucoup ne leur seraient jamais échues sans la Révolution ; l'industrie, l'économie, les produits des biens conservés procurèrent à d'autres des capitaux. Ceux qu'ils ont placés sur les fonds publics se sont accrus par l'ascension du crédit. Français, ils ont profité légitimement des bénéfices dont la part de l'étranger a été si forte ; mais jamais ils n'ont ressenti les pertes que les autres rentiers avaient subies durant toute notre Révolution.

Alors que la dette publique ne s'élevait qu'à 63,300,000 f., quand la France n'avait pas perdu, à la seconde invasion, 1,500 millions, les Ministres du Roi disaient aux Députés de 1814 : « Il vous a été impossible de réparer les pertes ou d'alléger la misère d'un grand nombre de Français que leurs affections n'ont jamais rendus étrangers à leur patrie. » La Nation, déjà convaincue de cette impossibilité, chercha dans ses rangs, et elle n'aperçut que quelques gentilshommes pauvres avant l'Emigration, pauvres après, d'autres, attachés à l'ancienne Cour, qui avaient perdu des pensions, et un très-petit nombre qui, nouveau rentrés, retrouvèrent bientôt des dignités et des emplois salariés. Ils ne furent pas les seuls à jouir de la part qui leur fut largement faite sur la liste civile. Dans quel arrondissement ne pourrait-on pas signaler des Emigrés qui, à chaque voyage qu'ils ont fait à Paris depuis 1814, en ont rapporté une pension pour un motif, une gratification pour un autre sujet? Si toute la liste de ces pensions était publiée, on y découvrirait bien des abus que nous avons signalé précédemment. Un Emigré qui, comme le baron de Feneste, n'avait *rien fait que pour paraître*, et qui devint baron de l'empire, jouissait de 40,000 fr. de rente quand il reçut, avec la croix de Saint-Louis, une pension. Comme on lui en marquait de la surprise : « Je suis pensionnaire du Roi, répondit-il : ce sera pour *mon état de chiens.* »

S'il était possible d'exposer à nu les maux que l'Émigration s'est causés ou que la confiscation lui a fait éprouver, l'homme le moins sensible serait parfois ému. Quel spectacle que celui de familles tombées d'une grande fortune dans la détresse! Mais ces Lyonnais qui, foudroyés dans leur ville, n'étaient échappés à la mort que par la fuite; les colons de St.-Domingue, les victimes du 18 fructidor; mais beaucoup de familles de négocians, de magistrats, avaient au moins autant souffert. Cependant, soit par une bienveillance partiale, soit par des sollicitations plus actives, beaucoup d'Emigrés obtinrent des bourses pour leurs enfans, des pensions pour eux-mêmes. Des alliances avec les grands, avec les généraux de l'empire, procurèrent à ces familles des richesses et des faveurs. Dès avant la Restauration, les privilégiés de l'Ancien Régime avaient exploité les priviléges du rang et de l'infortune.

Plus de la moitié de la Noblesse est restée en France. Dès la campagne de Champagne, les Emigrés cherchèrent avec empressement à revenir. L'illusion s'était évanouie, la vengeance calmée. Malgré une législation violente, beaucoup rentrèrent, à petit bruit, par des issues différentes, mais rentrèrent de 1793 à 1800. Lorsque l'Amnistie ferma véritablement les plaies de la Révolution, ce fut bien plus aux déportés du Clergé qu'à l'Emigration nobiliaire qu'elle rendit une patrie. L'esprit de caste n'avait pas cessé d'exister. Un grand nombre d'Emigrés échappèrent à la confiscation en obéissant à la loi qui les rappelait. Les familles de ceux qui restèrent à l'Etranger, beaucoup de fermiers et d'amis, dont les services ont depuis été généralement payés d'ingratitude, dérobèrent à la confiscation une masse immense de propriétés ; et une foule d'administrateurs, à présent destitués, secondèrent les moyens employés pour éluder les lois. Et qui peut avoir oublié que la Convention, délivrée elle-même de la tyrannie de Robespierre, s'empressa d'accueillir la proposition de M. Boissy d'Anglas, appuyée par M. Lanjuinais, et qu'elle rendit à cent mille familles innocentes de toute aggression contre la France, des biens d'une valeur totale de 3 à 400 millions ? Qu'on ajoute la masse bien plus considérable de propriétés que les Emigrés amnistiés parvinrent à recouvrer, tous les biens non vendus qu'ils reçurent de la Restauration, et le seul étonnement que peuvent causer les clameurs de l'Indemnité, c'est de les entendre pousser contre la Nation, qui fut plus malheureuse que l'Emigration.

On ose demander des indemnités au rentier, au commerçant, qui n'ont pas même recueilli des cendres de leurs monceaux d'assignats. Ils ne seraient pas malheu-

reux s'ils s'étaient portés aux ventes de ces biens que
vous avez pu soumissionner ou reprendre par des fidéi-
commis. Vous avez beaucoup recouvré, et vos prétentions sont effrénées! Si vous aviez tout perdu, peut-être
redemanderiez-vous tout; mais l'impossibilité de vous rien
donner vous ferait vivement désirer de ravoir moins, bien
moins que vous ne possédez depuis long-temps.

L'Emigration est en majorité dans les deux Chambres;
elle est donc la plus riche. Il faut à l'Aristocratie, pour
qu'elle reprenne son ancienne puissance, ses antiques
priviléges. L'Histoire les dénonce comme des usurpations, l'humanité, comme des attentats, la France,
comme la source de ses longues misères, la Royauté elle-
même, comme la cause de sa chute. En effet, si des priviléges provenaient de l'abandon fait de fonds de terre
à des communautés d'habitans ou à des particuliers, ces
biens avaient été pris par la féodalité, qui ne les cédait que
pour mieux perpétuer le servage. Enfin l'industrie et l'a-
griculture ont été affranchies, et le commerce, essentiellement libéral, a répandu partout et sur tous ce bienfait
de la Révolution. Les avantages immenses qui ont ré-
sulté de la destruction des priviléges, ont profité le
plus à ceux qui sont restés ou qui sont redevenus les
plus forts propriétaires. Pour apprécier toutes les richesses
qu'en a retirées l'Émigration, il suffit de considérer, dans
chaque canton, ces grandes terres possédées depuis des
siècles par la Noblesse, et celles qu'elle s'est procurées
quand les priviléges, minés par le temps, tombaient en
ruines. C'est seulement depuis trente-cinq ans qu'ils ont
disparu, et les biens de la Noblesse ont acquis, jusqu'à
1814, une valeur double, qui est devenue triple depuis
la Restauration.

Cependant ces indemnités ne satisfont pas. La Convention, pauvre par l'abondance désespérante des assignats, chercha à en arrêter la dépréciation, à procurer

des ressources au trésor épuisé, et à soutenir la valeur des biens nationaux mis en vente. Les impôts, les autres charges imposées aux fermiers par les baux, furent compris, par la loi de prairial, dans l'estimation de ces biens. Le Ministère compte parmi ces charges, pour le *vingtième*, le prix des corvées, des dîmes, des droits féodaux. De là, en partie, les 200 millions dont l'Indemnité s'est accrue depuis le 12 octobre dernier jusqu'au 3 janvier. De là, le milliard réparateur. Et comme des protestations jetées dans l'avenir sont incertaines, le privilége d'exemption des droits de mutation s'est présenté, pour accroître de 187 millions le milliard qui doit durer cinq ans. Ce privilége est aussi un moyen emprunté aux théories modernes des finances pour rétablir le *retrait féodal*.

Certes, les cadets des familles nobles ne regrettent pas le privilége d'aînesse : prolétaires parmi leur caste, ils ont recouvré les droits de la nature et de la propriété, et ils ne cherchent plus par une vie vagabonde, couverts d'une cape ou d'une soutane, des moyens d'existence que leur refusaient leurs parens. A l'aspect de ces couvens, qui de toutes parts pèsent tant déjà sur notre sol, quelle fille ne doit pas remercier la Révolution et s'alarmer de l'avenir ! Tous les Emigrés n'avaient pas joui des priviléges domaniaux ; mais tous profitent de l'égalité des partages, et de l'augmentation que la culture améliorée, la division des biens, le luxe ont procurée aux propriétés de toute nature.

On s'abuse si de la cause de l'Emigration on prétend faire la cause nationale. Tous connaissent la tactique des minorités, qui, dans les rassemblemens populaires, s'esquivent, se multiplient pour exercer de l'empire sur les groupes séparés. Attaquée en masse ou dans ses rangs, la Nation a trop le droit d'opposer aux intérêts lésés de l'Emigration, des intérêts plus profondément blessés et toujours souffrans. S'il était possible de rassembler toutes

les familles françaises, on les verrait dans la proportion de 1 famille émigrée à 869 non émigrées. Quel
malheur étalerait cette famille, comparable à tant et de si
vifs malheurs ! Que demanderait-elle à ces laboureurs
à qui la réquisition ravit leurs récoltes, la conscription
leurs enfans, dont les alliés ont pillé les chaumières ?
L'Emigration s'indignerait justement du rôle dégradant,
abject, honteux, qu'on veut lui faire remplir ; elle
oublierait bientôt ses infortunes pour consoler et soulager des maux cruels et immérités. Comment des hommes
puissans, parce qu'ils ne furent pas témoins des tourmens
et des pertes de tous, peuvent-ils entreprendre d'adjuger
à quelques-uns, et le privilége du malheur, et *les bénéfices de la Révolution ?*

Un autre produit des indemnités reçues par l'Emigration, produit immense et qui va s'accroître indéfiniment,
est celui des emplois, des dignités salariées. Des Emigrés s'introduisaient dans le cabinet de Danton ; ils se pressaient dans les antichambres de Barras et de Fouché ; ils
composaient les cercles du prince Cambacérès, et ils rampaient aux pieds de Napoléon : tantôt coiffés du bonnet
rouge, tantôt parés *à la victime* et présidant aux saturnales
du Directoire, tantôt se couvrant du manteau de l'espionnage, le jetant pour revêtir l'habit chamarré, reprenant
encore le manteau pour imiter ces prêtres apostats, les
plus cruels persécuteurs des prêtres fidèles, en livrant
des Émigrés à la mort. Des tombes sont là qui attestent ces
trahisons, et tant de turpitudes sont d'hier. D'autres,
reconnaissans envers l'amnistie, mus aussi par l'ambition
ou cédant à des ressentimens nés et nourris dans la terre
de l'exil, prêtèrent tous les sermens qui étonnèrent
ceux mêmes qui les exigeaient, et ils accrurent par leur
félonie nos respects pour les vraies victimes de la cause
royale. Mais qu'il fut petit le nombre de ces hommes
inébranlables aux séductions de la puissance ! *Apparent*

'ari. A peine compte-t-on quelques familles qui n'aient eu un, ou plusieurs, presque tous leurs membres engagés dans les dignités, dans les administrations, salariés plus ou moins richement. La législation militaire adoucit aussi ses rigueurs à leur profit : si le fils de l'Emigré meurt à côté du conscrit, c'est décoré de l'épaulette, tandis que des cités étrangères reçoivent pour préfet, intendant, l'Émigré qui naguère leur avait demandé l'hospitalité.

Elle revient, la famille de nos Rois, et d'une domesticité si nombreuse, d'un corps qui se qualifiait d'armée, seulement quelques vieux serviteurs suivent ses pas, Mais bientôt palais, ministères se trouvent assiégés par des myriades de solliciteurs ; tous ont été victimes, et ils brillent de luxe ; tous subissent une noble indigence, et déjà ils intriguent pour former la majorité dans les colléges électoraux. L'Emigration obtient toutes les charges de la Cour ; sa longue inactivité lui procure des grades, des pensions, des décorations. Du 10 mai 1814 au 31 décembre 1815, dans cet espace de dix-neuf mois, le trésor public est chargé d'une promotion de 134 lieutenans-généraux, d'une promotion de 253 maréchaux - de - camp, d'une promotion relative de colonels, d'une promotion de capitaines de vaisseau, de capitaines de frégate : les promotions sont encore plus nombreuses, l'avancement est plus rapide dans les finances, dans toutes les parties de l'administration. « Tout est à moi, s'était comme écrié la Noblesse en 1814; guerriers, administrateurs, plébéiens, tout ce qui est entre vos mains est mon bien; honneurs, emplois, tout est mon patrimoine. » Et tout est à elle.

Quelles places salariées remplit-elle ? Ouvrez les almanachs et parcourez le budget. Quels emplois a-t-elle dédaignés? Vous les trouverez çà et là, dans l'obscurité des bureaux ou dans les écoles ; et la détresse de guerriers que la postérité enviera à notre siècle est le premier gage de l'Indemnité. Ce genre d'indemnités par les emplois, quoique condamné par la Charte, et contraire à l'intérêt général, serait cependant le moins intolérable; mais il faudrait que l'incapacité fût repoussée, que les services gagnassent les salaires; il faudrait que l'économie présidât à l'administration, qu'elle fût délivrée de ce peuple de *sinécuristes,* parasites de l'Etat, et qui insultent par le faste à la gêne des contribuables. Encore si cette occupation administrative permettait d'entrevoir le terme de sa durée!

La Nation compta comme un dédommagement des maux que l'Ancien Régime lui avait causés, l'abolition de la vénalité des charges : c'est encore une des espérances trompées. L'Aristocratie profite et profitera de cette abolition; déjà il est facile de démontrer les bénéfices qu'elle en a tirés. Dans l'autre siècle, les lieutenances-générales de la Flandres et de la basse Auvergne coûtèrent, l'une 220,000 liv., l'autre 115,000 liv; une première présidence se vendait en province plus de 100,000 liv. Chauvelin, avocat-général à Paris, acheta, en 1718, la charge de président à mortier 650,000 liv.; et Gilbert-des-Voisins s'arrangea de la charge de Chauvelin pour 450,000 liv. D'Aguesseau, dont le traitement de chancelier était de 30,000 liv., acheta 130,000 liv. une charge de maître des requêtes pour son fils. Pour être maréchal-des-logis des armées, il en coûtait 200,000 liv. : si l'on fit l'acquisition de trois régimens de gentilshommes moyennant 22,500 l., celui de dragons-dauphin se vendit 120,000 liv. Le marquis du Chalart tira 100,000 liv. de son guidon de gendarme, et le comte de Caraman livra sa compagnie du régiment des gardes pour 80,000 liv. Il en coûtait 200,000 l. pour devenir introducteur des ambassadeurs, 300,000 liv. pour l'office de trésorier des écuries, 340,000 liv. pour celui de maître-d'hôtel ordinaire, et 32,000 écus pour la place de bibliothécaire du Roi, autant pour celle de lecteur.

Le fameux Vauréal déboursa 100,000 liv. pour être maître de l'Oratoire ; l'abbé Lebœuf fit une bonne affaire en achetant 30,000 liv. la charge de sacristain ordinaire de la grande Chapelle. Alors les Gardes-du-corps n'étaient guère traités que comme les soldats ; leur paye était de 10 sous par jour, celle des mousquetaires de 20 sous. Le prix et non le cautionnement des recettes générales fut fixé, en 1717, à 400,000 liv. pour Paris, 290,000 liv. pour Riom, 280,000 liv. pour Bordeaux, 260,000 liv. pour Rouen, 180,000 liv. pour Caen, etc. Avec 200,000 liv., un puiné pouvait retirer des mains de ses parentes un duché-pairie. Les créanciers du duc de Brissac ayant été obligés de subir des réductions, Cossé de Brissac, son cousin-germain, devint duc et pair.

A présent la pairie procure de fortes pensions ; les emplois à la Cour produisent des traitemens les plus riches ; les gages fixes (comme l'on disait) de grand-aumônier n'étaient que de 14,400 liv. ; ils sont de plus de 100,000 fr. La préfecture de la Seine reçoit de fixe 100,000 fr., et le traitement du prévôt de Paris n'était que de 8,000 liv. Les gouvernemens militaires rapportent 40,000 fr., et celui de l'Ile-de-France ne valait que 22,000 liv. Si les brevets de retenue sont supprimés, les fonctionnaires n'ont plus de finances à fournir, et les survivances se rétablissent au moins indirectement. Des Emigrés ont perdu à la Révolution des charges ou qu'ils avaient achetées ou dont ils avaient hérité ; mais ils ont subi le sort commun à tous les titulaires d'offices. On évalua, en 1790, le prix des offices de judicature et de finance à 800 millions. Et combien de magistrats qui ont perdu la vie avec leurs finances ! Combien dont toute la fortune consistait dans leurs offices ! Il n'est pas une petite ville qui n'ait de ces familles ruinées. Un premier-gentilhomme, qui est payé 40,000 fr., peut-il bien regretter un brevet de 400,000 liv. qui n'avait rien coûté à ses pères ? Tant il est facile d'op-

poser à quelques familles émigrées des milliers de familles
bien plus malheureuses; tant il est vrai que dans chaque
espèce de pertes que l'Emigration a encourues, c'est le
Tiers-Etat, c'est aussi la petite Noblesse qui seraient fon-
dés à réclamer des Indemnités.

Quelles sont donc ces *misères* privilégiées que la Nation
entière doit être contrainte de soulager? Avec des traitemens de 10, de 20, de 50,000 fr., quand on jouit
de pensions, de secours, qu'on peut exercer des pro-
fessions lucratives; lorsque les fils, les neveux, les petits
parens sont pourvus d'emplois salariés, sont boursiers
dans les écoles publiques, espèrent, dans les séminaires,
l'aumusse et la crosse, est-il généreux, est-il juste de
proclamer ses pertes et ses plaintes? Enfin l'Emigration
reçoit annuellement près de *soixante-dix millions de
traitemens*, c'est-à-dire, le QUATORZIEME *du budget*. On
compte 35 mille Emigrés confisqués : ces 70 millions,
également répartis, donneraient donc à chacun 2,000 fr.
Ajoutez les autres avantages dont jouit la Noblesse et la
classe qui se rapproche d'elle, et vous verrez que, comme
avant 1789, elle va bientôt absorber le DIXIÈME *des revenus nets de la France* (1).

L'expérience, dont il semble que les Gouvernans éludent
les enseignemens, dénonce les services passés pour indi-

_____

(1) On sait que la répartition n'est pas égale, et qu'elle ne peut l'être.
Un Émigré, père d'un évêque et d'un recteur, reçoit 8,000 fr. de pension
au titre d'ex-conseiller de l'Université impériale : ministre d'état, cette
sinécure lui vaut 20,000 fr. Pair de France, peut-il refuser la pension de
12,000 fr. quand il a publié que la Pairie doit être pensionnée ? Jamais
père de famille n'a tant reçu, n'a tant gardé. C'est au moins, sous ce
rapport, marcher avec le siècle. Eh bien! cet honorable dignitaire ne
cesse de l'accuser. « On voudrait, dit-il dans sa brochure contre le budget
de 1824, on voudrait de la modération dans les dépenses publiques, et il
n'y a de modération nulle part : il n'y en a plus ni dans les esprits, ni dans
les cœurs, ni dans les désirs, ni dans les besoins, et une ambition effrénée
pousse les hommes. » *Ab uno disce.*

quer quels pourront être ceux que produira l'avenir. C'est
à cette France si grande dans les revers, qui a été souillée par tous les crimes, que tous les genres de courage ont
illustrée, qui a vu le magistrat massacré au milieu des
émeutes, le législateur allant avec calme à la mort,
l'homme de lettres bravant l'échafaud, tant de citoyens,
tant de femmes dont les vertus désespérèrent leurs bourreaux ; c'est à notre patrie qu'on prétend imposer la
charge d'un dévouement manifesté au-delà de ses frontières.
A qui ont été rendus ces services, quel en était le but,
et qui en a profité? La royauté est délaissée au milieu de
périls imminens ; c'est sur le Rhin, dans les Alpes que l'on
court pour la défendre : l'Europe arrive en armes à la voix
qui l'appelle, elle vient rétablir le trône de Louis XVI
qui règne encore, quand la loi prononce la confiscation des
biens de l'Emigration. Mais ce sont leurs bannières bigar-
rées que les armées ennemies plantent sur nos villes conquises : et le Roi est tué, et les hordes étrangères sont rejetées
dans leur pays ; et la guerre impuissante de la Vendée
couvre de sang et de ruines l'ouest de la France : l'Emigration, qu'est-elle devenue ? On nous raconte ses exploits : qui peut douter du courage des gentilshommes
français ? On se croit des Xénophon parce qu'on décrit
aussi une retraite de Dix-mille. Nous voyons reparaître,
disait, en 1814, un brave maréchal, des espèces de Croi-
sés qui ont suivi l'oriflamme en pays étrangers. Hélas! le léopard, les aigles du Nord n'ont-ils pas aussi
ombragé des casques français? *Milesne Crassi*, etc. Ho-
RACE.

Beaucoup d'Emigrés, partis sans grades, sans emplois,
en ont obtenu en Russie, en Suède, en Allemagne, en
Angleterre ; et ils sont revenus colonels, généraux, gouverneurs, diplomates. A présent ils sont pensionnés ou employés comme s'ils avaient été au service de la France. Tel
dignitaire végéterait, sans la Révolution, dans une obscure

gentilhommière. Le Domaine extraordinaire a fourni aussi des appointemens et secours pour des sommes considérables. Il possédait au 30 mai 1814, de revenu, 40,895,000 fr., et en capital 358,800,000 fr. Enfin, le Ministre de la guerre (M. le duc de Fehre) a distribué aux Émigrés et aux Vendéens de si riches gratifications, qu'il n'a pu être rendu compte aux Chambres d'une somme de près de 88 millions.

La fortune a trahi la meilleure cause. La fortune! soit. Mais les victoires provoquées par cette cause ont livré la France à l'anarchie, et ensuite au génie des conquêtes. Que lui reste-t-il pour tant de maux et de tant de gloire? Qu'eût produit le triomphe?.. C'est assez de doléances amphatiques; car si l'affection du paysan vendéen pour son curé et pour son seigneur fut si vive qu'il rejeta la loi qui l'affranchissait de la dîme et des droits féodaux, plus éclairée, la Nation presque entière bénit cette loi, et s'indigna de ces clameurs d'outre-Rhin qui la menaçaient, pour rétablir l'ordre, du retour des priviléges, et du supplice d'un citoyen par municipalité. Vantez moins l'universalité d'un dévouement qui fixait son terme à cinq ou six semaines, que des lettres anonymes inspiraient, et dont les préparatifs s'arrangeaient à l'Opéra, comme des parties de plaisir. Fabriquez moins d'héroïsme avec des calculs déçus, des revers inattendus. Ne profanez plus le malheur, trop généreux pour s'appuyer jamais sur l'hypocrisie et la sordide cupidité, et qui, résigné aux vicissitudes humaines, continuerait sans vous de pratiquer ce précepte de la sagesse et du patriotisme. *Tempori cedere, id est, necessitati parere, semper sapientis habitum est.* (Cicéron, Lett.)

CHAPITRE XVII.

Effets de l'Indemnité.

On porte généralement à 7,000 le nombre des familles qui furent frappées de la confiscation : en formant chaque famille de cinq personnes, c'est 35,000 individus. Or, la population de la France s'élève à 30,451,191 individus (Ordon. roy. du 15 décembre 1824). En défalquant le nombre 35,000, on trouve 30,416,191 Français qui n'ont pas émigré. Comme, en comptant par familles, on a pour la totalité 6,090,238 familles ; et, en ôtant les 7,000 confisquées, il se trouve 6,083,238 familles non émigrées.

Suivant les comptes que le Ministère a produits le 3 janvier 1825, la valeur totale des biens confisqués s'élève à 1,297,760,607 fr. 96 cent. La masse des déductions indiquée par le relevé du passif est portée à 309,940,645 fr. Le capital pour lequel l'Indemnité est exigée demeure fixé à 987,819,962 fr. 96 cent. Mais le Journal officiel du 12 octobre 1824 disait : « Le travail demandé aux agens du Domaine sur le prix des ventes d'immeubles opérées en vertu des lois de la confiscation, a donné 1,091,300,000 fr. Le prix des ventes faites en papier est réduit au cours du jour de l'adjudication ». Soit que d'autres demandes se soient glissées dans les comptes, soit que l'évaluation par le vingtième les ait enflés, du 12 octobre au 3 janvier, l'Indemnité s'est accrue de 206,460,607 f. 96 c. Le 12 octobre, on évaluait à environ 491,300,000 fr. le passif ou les dettes payées aux créanciers des confisqués : le 3 janvier, ce passif a souffert une réduction de 181,359,355 f. Que sera-ce le 31 décembre 1825 ? Que sera-ce en 1830 ? Et combien de supplémens l'avenir garde-t-il en réserve

pour l'Indemnité? Le présent même ne fournit rien de
déterminé. L'administration du 12 octobre et du 3 janvier est l'administration qui arrangera, réglera, jugera
le partage de l'Indemnité.

Un milliard est exigé : voilà seulement ce qui est fixé.
Par qui doit-il être payé? par plus de 30 millions de Français. Au profit de qui? de 35 mille Emigrés. Comment
parvenir à le payer? par du *trois* pour *cent*, dit le Ministère. Mais ceux qui ne craignirent jamais la banqueroute pour les autres, indifférens aux pertes subies par
leurs propres créanciers et par les créanciers de l'Etat,
redoutent un long atermoiement. Ils n'ont pas souffert
de la dépréciation des assignats, mais ils connaissent
les désastres qu'elle a causés ; et pour se préserver encore de ceux-là, ils veulent des écus et comptant.
Quant à la Nation des 30 millions de Français, le Ministère lui annonce que le milliard de l'Indemnité, qui se
présente comme une charge effrayante, n'en est pas
une : bien plus, il le fait voir comme une source de pros-
pérités pour la fortune publique. Cependant il ne relâche
rien d'un autre milliard qui compose son budget. Voilà
bien deux milliards de charges.... Oui, et non, répond le
Ministère. Car on accorde à la Nation cinq ans pour payer
intégralement le premier ; et les impôts vont être allégés,
de fort peu il est vrai, mais enfin ils le seront de quelque
peu. Des économies ! un budget d'un milliard n'en com-
porte réellement aucune. Les rentiers sont là qui pourvoi-
ront au déficit, et cela sans qu'ils souffrent de préjudice ;
car si leur revenu subit une réduction forcée, leur capital
va s'accroître d'un tiers, sans exagération. Tant pis pour
les petits rentiers qui n'agiotent pas ; et qu'ils lisent l'histoire de l'*Homme aux quarante écus*.

Que si l'on se reporte à l'année 1705, le revenu
territorial et industriel de la France était évalué à
1,200,000,000 liv. t. (le marc d'argent à 31 liv. t.), ce

qui fait 2,118,580,645 fr., le marc étant à 54 fr. 73 cent.
Ce revenu acquittait 261,000,000 liv. d'impôts , équiva-
lant à 460,791,290 fr. ; il laissait de net 939,000,000 liv.
(1,657,789,677) fr. ; et la population était alors de 20
millions d'individus. Pour 1789, Lavoisier, Arthur Young,
MM. de Tolozan et Ganilh évaluent ce revenu à deux
milliards ; mais il était grévé de 681,000,000 liv. de charges
et de 75 millions de dîmes ; il ne restait donc de net que
1,244,000,000 liv. (ou 1,228,641,975 fr.). La population
se trouvait être de 25 millions d'individus , et la contribution de chacun de 30 liv. 5 s. , mais répartie si inégalement, qu'en Normandie elle était de 38 liv. , et à Bordeaux seulement de 22 liv. Ainsi, la part de chaque Français était, en 1705 , de 82 fr. 80 c. ; en 1789, seulement
de 49 fr. 14 c. Chacun était donc plus riche en 1705 qu'en
1789, de 33 fr. 66 cent.

M. le comte Chaptal évalue (l'*Industrie française*, 1819) les revenus nets et imposables de l'agriculture à 1,345,000,000 fr. , et les revenus industriels à
1,404,000,000 fr. : total 2,749,000,000 fr. La population
étant de 30,451,191 individus, la part de chacun est de
90 fr. 27 c. La dette publique et les pensions montent à
258,758,810 fr. On évalue à 340 millions la dépense du
personnel. Total , 598,758,810 fr. Mais les étrangers et
diverses administrations emportent ou immobilisent une
forte partie de la rente, comme le personnel contribue à
des retenues. Il reste un total d'environ 500 millions qui
rentrent dans la circulation , l'intérêt de la dette compté
à 5 et non à 3 pour cent. S'ils étaient réparties dans la population, ces 500 millions rendraient à chacun 16 fr. 42 c.
Ainsi , le revenu de chaque Français est de 106 fr. 69 c.

Mais le budget de l'État s'élève à 900 millions , et celui
des départemens, communes et autres , à 100 millions au
moins. Car le budget réel de la France se compose , en
outre , de perceptions arbitraires que se permettent quel-

ques administrations, la Police, par exemple, de supplémens de traitement pour les évêques, de dépenses locales
à la charge des départemens et des communes, telles que
les réparations et embellissemens des églises, de souscriptions pour monumens, etc. (environ 150 millions). La
contribution individuelle au budget d'un milliard est de
32 fr. 83 c. Il ne reste donc de net à chacun que 73 fr. 86 c.

Que si l'on compare 1825 à 1705 et 1789, comme on
n'a pas des donnés précises, pour ces deux dernières
époques, sur les produits de la dette publique, les pensions,
et sur les revenus du personnel, on défalque de la part de
90 fr. 27 c., dans les revenus actuels de l'agriculture et de
l'industrie, la contribution de 32 fr. 83 c.; ce qui réduit
le revenu de chacun à 57 fr. 44 c. On trouve ainsi que
chaque Français est plus riche que le Français de 1789,
de 8 fr. 30 c., et qu'il est plus pauvre que le Français de
1705, de 25 fr. 36 c.

Poursuivons. Sur 10 millions de cotes d'imposition di-
rectes, 7 millions sont au-dessous de 20 fr.; sur 287 millions d'impositions foncières, 27 millions seulement ré-
sultent des cotes au-dessus de 1,000 fr; enfin le royaume
ne compte pas 80,000 citoyens électeurs à 300 fr. et au-
dessus. Ce sont donc les pauvres, c'est-à-dire la masse de
la Nation qui paye véritablement l'impôt. Et comment
toute la population se trouve-t-elle répartie? M. Chaptal
porte à 20 millions la population des campagnes, savoir,
3 millions d'individus qui y vivent sur leurs domaines, et
17 millions de fermiers, journaliers, artisans. Ajoutez les
millions d'ouvriers, de domestiques, de salariés qui habitent dans les villes et bourgs, et vous trouverez, même
en retranchant tous ou presque tous les contribuables au-
dessous de 20 fr., que la France doit nourrir au moins
vingt millions de prolétaires.

On demande pour l'Indemnité, en capital, 987,819,962 f.:
c'est 32 fr. 43 c. à la charge de chaque Français. On

propose de convertir le capital en 30 millions de rente : c'est par chaque Français près de 99 cent. Il se présente 35,000 Emigrés pour profiter de l'Indemnité : c'est 857 fr. 14 c. de rente pour chaque partie prenante. Cette rente de 30 millions partagée entre 7,000 familles confisquées, donne à chacune 4,285 fr. 7 c.

La part de chaque Français dans la masse nette des produits agricoles et industriels étant de 73 fr. 86 c., il a par jour 20 cent. Evaluons sa contribution à l'Indemnité à 1 fr., il y devra annuellement le produit de cinq journées. Pour procurer à chaque Indemnisé sa rente de 857 fr. 14 c., il faudra 4,285 journées et demie à 20 c. Que si l'on calcule par familles, à cinq individus par chaque, toute famille devra 25 fois 20 cent. à l'Indemnité, et chacune des familles indemnisées absorbera, pour sa part, le produit de 21,425 journées.

Ajoutons qu'en séparant dans le budget de l'Etat d'un milliard, le personnel du matériel, on trouve pour le premier environ 340,000,000 fr., somme dont l'Emigration absorbe environ 70 millions ou plus du *cinquième*. Supposons que chaque Emigré reçoive pour emploi 2,057 fr. 4 c., il aura de l'Indemnité 857 fr. 71 c. ; total 2,914 fr. 85 c. Combien de milliers de jours à 20 c. ? 14,571 journées (1).

_____

(1) Si l'on veut connaître la valeur du milliard de l'Indemnité, il faut se figurer une chaîne de 5,000 voitures se touchant l'une l'autre, attelées de deux chevaux, chargées chacune de deux milliers pesant d'argent, et qui de l'une de ses extrémités tiendrait au parvis de Notre-Dame, tandis que l'autre déboucherait dans le marché de Pontoise. Cette chaîne occuperait donc une longueur de 7 lieues de pays. En donnant deux conducteurs à chaque voiture, vous aurez encore un train de 10,000 hommes et de 10,000 chevaux. (*Courrier Français.*)

Un milliard en 5 ans, c'est 200 millions par *an* ; par *mois*, 16,666,666 fr. 46 c. ; par *semaine*, 3,653,463 fr. 46 c. ; par *jour*, 521,923 fr. 5 c. ; par *heure*, 21,746 fr. 77 c. Si l'on ajoute à ces sommes le milliard porté au budget de l'année (ce qui quintuple chaque calcul), on trouve que les contribuables ont à verser, par *heure*, la somme énorme de 130,480 fr. 20 c. (*le Constitutionnel.*)

Jamais la féodalité n'imposa des prestations aussi énormes. Nous sommes au *positif* des monarchies, disent, à
propos de l'Indemnité, des hommes monarchiques. Ils
ne croient donc pas que chaque Français, réduit à 74 fr.
pour tous ses besoins de l'année, sente et le *positif* de
son indigence, et le *positif* du milliard d'un budget qui
le prive de 32 fr. Depuis la paix, chacun paye le décime
de guerre ; c'était, il y a peu de jours, la Sainte-Alliance,
puis l'arriéré ; hier la guerre d'Espagne, dont le compte
n'est pas apuré ; aujourd'hui c'est l'Emigration ; demain
ce sera le Clergé, peut-être la Noblesse pour ses droits
féodaux : et ne dit-on pas généralement que le Pape,
malgré le traité de Tolentino, exige 6 millions de rente
pour indemnité du comtat d'Avignon ?

Tant d'efforts, tant de privations pour subvenir aux
charges accablantes du passé, ne produiraient aucun soula-
gement ; ils deviendraient la cause de charges plus dures
et flétrissantes ! Nous n'avons plus cependant le gouvernement du *bon plaisir*, pour ouvrir ou pour fermer le grand
livre de la dette nationale au gré de ses passions ou de ses
intérêts aveugles. La prospérité du crédit public, dit-on,
ne fut jamais plus grande ; mais c'est faire ressouvenir et
des entreprises qui, durant 25 ans, conspirèrent sa perte, et
de certaines fortunes conquises sur les grandes routes, et
des masses de faux assignats qui furent jetés sur nos côtes.
A quel parti appartenaient ceux qui naguère combattaient
les mesures qui ont consolidé ce crédit ? Et ne sont-ce pas
les rentiers qui l'ont soutenu, qui ont subi toutes ses vicissitudes, qu'il s'agit de dépouiller ? Il semble qu'on ait
laissé le patriotisme et l'industrie s'épuiser en efforts et en
expédiens pour solder tant de budgets, tant d'arriérés,
de rançons, tant d'emprunts, afin de s'assurer du moment
propice pour se précipiter sur la fortune publique.

Mais y a-t-il réellement fortune ? L'amortissement, l'u-
nique cause de la hausse des effets publics, est lui-même

très-onéreux à la Nation ; sa dotation est de près de 80 millions , et elle suffit à peine contre la dette. La rente ne descendît-elle pas au-dessous de 100 fr. , l'amortissement ne rachète guère de la dette qu'un pour cent par an. Quel long avenir pour que le rachat intégral soit consommé ! Mais la dotation de l'amortissement va être réduite, et toute son action se portera sur l'agiotage des trois pour cent, qu'il rachettera plus cher qu'il ne fait les cinq consolidés. La France n'aurait pas à craindre le retour des prodigalités de l'Ancien Régime , qu'il n'est pas douteux qu'avant 1830 la voie si funeste des emprunts sera rouverte.

En effet, qu'est-ce que l'Indemnité? sinon un emprunt et une contribution; emprunt le plus forcé, qui profitera à l'Emigration, à l'agiotage, contribution qui déjà prive de tout allégement l'impôt que la misère de plus en plus croissante contraindra enfin de réduire, qui déjà paralyse l'industrie , décourage, indigne, épouvante les malheureux contribuables. Car tous les discours, les rapports d'apparat ne leur imposent pas, et les combinaisons ministérielles les effraient : tous sont persuadés que rentes, emprunts, indemnités, ce sont eux et les prolétaires qui paieront tout.

La France est essentiellement agricole. Eh bien, quelle n'est pas la détresse de l'agriculture ! La masse du numéraire a décru de 600 millions. Que si le prix de la terre a haussé, cette hausse provient de l'accroissement des papiers d'Etat, qui , faisant l'office de l'argent, ont diminué de valeur ; et des menaces de l'Indemnité, qui portent le petit cultivateur à acheter, souvent par emprunt usuraire, quelques perches de terre. Mais les biens-fonds ne rapportent pas même trois pour cent, et il est généralement impossible de renouveler au même prix les baux qui finissent. On pose en fait que chaque année les propriétaires perdent, par les résiliations, par les remises forcées, par les expropriations, le dixième du prix des baux ; qu'à la fin de chaque année il existe un arriéré de près du tiers des fermages ; enfin que depuis 1822, les revenus ruraux ont éprouvé des pertes et des diminutions pour 500 millions.

Et comment en serait-il autrement quand la déception inquiète tous les intérêts, quand la fraude et la violence tourmentent les consciences? Quelques années avant la Révolution, un ministre de Louis XVI disait : « Il est un mal existant dont on ne doit pas se dissimuler les funestes effets, c'est la grande misère du peuple des campagnes. » Maintenant cette misère est un peu déguisée, mais les besoins sont plus sentis, parce que les moyens de les satisfaire sont devenus plus nombreux et coûtent davantage. Combien de millions de Français qui ne peuvent se nourrir de blé, qui vivent de châtaignes, couchent sur la paille ! Dans ces dernières années, le laboureur a constamment perdu 3 et 5 fr. par hectolitre de grain ; des milliers de troupes de bêtes à laine ont été détruites ; l'herbager n'a pas toujours retrouvé même le prix du bétail acheté maigre, et tandis que des millions ont été jetés dans l'étranger pour les remontes, les chevaux de nos meilleures races n'ont pas eu de valeur. Cette année, les grains ont éprouvé de la hausse ; mais la récolte dernière rend un cinquième de moins que la précédente, qui ne fut pas bonne.

On dit que les visirs du despotisme oriental se confondent souvent dans les rangs du peuple, non pour l'espionner, mais pour interroger sa misère ; on dit aussi que les mandarins sont obligés de parcourir les campagnes pour en étudier les produits et les besoins. Que nos ministres, que les préfets, s'éclipsant du milieu de leurs palais, ne visitent-ils des villages, n'y assistent-ils à quelques perceptions ! Du haut des montagnes ou dans les plaines, des laboureurs leur montreraient douze, quinze villages populeux, qui tous ensemble ne pourraient fournir 12,000 fr.

écus. Ils retrouveraient dans le percepteur la morgue dont on fait un principe de la considération; mais ils n'en seraient que plus touchés du spectacle qui s'offrirait à eux. Des familles n'ont pas même pour nourriture le grain prodigué à leurs coursiers : ils verraient aussi des vieillards couverts de haillons, apporter le prix de leurs privations : et cette femme éloignée, depuis plusieurs heures, de ses enfans délaissés, ne fixe qu'en soupirant une pièce de 5 fr. à l'effigie royale, l'unique trésor de sa chaumière, et que le Fisc va lui prendre. On saurait ce que coûte au peuple le faste de l'administration, combien de larmes et de sueurs vont faire verser les Indemnités. Peut-être réformerait-on enfin le mode de recette, qui, faisant apparaître seulement une fois par mois le percepteur dans chaque village, contraint les contribuables à perdre un jour dans l'attente de leur libération, et les rend souvent dupes de mécomptes (1).

La France est industrielle. Certes, son industrie ne doit de reconnaissance ni à l'Emigration ni à l'Ancien Régime; mais elle succombe sous ses produits, se désespère de ses progrès : on dirait que, comme le derviche, elle tourne sur elle-même pour user sa propre activité. Sa prospérité est factice : la fureur du luxe cache la détresse générale. La main-d'œuvre est trop chère, parce que le peuple, manquant souvent de travail, cherche, quand il le peut, à se récupérer d'un repos forcé. La prohibition sur les frontières refoule tous les produits dans l'intérieur, et la politique de notre cabinet leur refuse des débouchés.

(1) Les journaux du Ministère annoncent, dans les mêmes pages où ils vantent la prospérité du royaume, que des dons de 3 et 400 fr. ont été accordés pour réparer ou embellir des églises de villages trop pauvres pour s'imposer aux moindres sommes. On cite les noms de MM. les Députés qui ont fait obtenir des secours de 100 fr. Ce n'est pas seulement dans les Pyrénées, dans le Cantal, que la misère des campagnes est ainsi constatée, mais c'est encore à l'ouest, à l'est, dans nos départemens réputés les plus riches. Il suffirait d'ailleurs de considérer l'état des chemins vicinaux.

Aucun commerce avec l'Espagne, telle que vient de la refaire le pouvoir absolu qui dénie ses propres dettes : aucun avec l'Orient, où la Grèce proclame par ses succès la honte de la politique européenne, la honte des peuples esclaves, où l'extermination des Grecs accuserait dans tous les siècles la Sainte-Alliance. Dans l'est de la France, le vigneron, comme il y a un siècle, reste pauvre au milieu de ses riches celliers ; dans l'ouest, le Fisc perçoit sur les boissons un droit supérieur à leur prix intrinsèque.

Jusqu'à ce qu'un trois mâts mouille devant le Ministère de la marine, il semble qu'on ne comprendra pas quelles richesses offrent à la France, et son heureuse situation sur trois mers, et sa population maritime si précieuse, tant négligée et si pauvre. Seulement à Bordeaux et à Nantes quelques arrivages : tout le grand commerce afflue au Hâvre. Et qu'y voit-on dans les bassins ? Principalement des Américains et des Anglais. Comme ces nations rivales vont se réjouir du fardeau de l'Indemnité imposée à la France, elles qui comptent avec orgueil 35,000 vaisseaux, et qui rencontrent sur les mers quelques-uns des nôtres comme échappés de nos ports où des milliers pourrissent ! Tandis que les flottes de l'Angleterre, chargées de ses produits, cinglent vers les nouveaux Etats de l'Amérique, qu'elles volent y consolider la liberté par la civilisation du commerce, et s'emparer des trésors de leurs mines, la France s'opiniâtre à verser son sang, son argent, sur cette péninsule qui, depuis plus d'un siècle, est la cause de ses malheurs.

L'Europe confédérée envahirait de nouveau notre territoire, que sa politique ennemie lui conseillerait, non pas de nous enlever 1,500 millions, comme en 1815, mais de contraindre la Nation à payer à l'Emigration le milliard de l'Indemnité. Un quart de siècle ne suffira pas pour que la France, qui va rétrograder d'autant qu'elle aurait avancé, puisse se replacer au point où elle est encore. Déjà sa fortune, née dans la Révolution, et sur laquelle la Restauration a vécu, se dissipe. L'Indemnité paralyse le présent et livre l'avenir à toutes les prétentions aristocratiques ; l'avenir déjà si alarmant, qui permet trop de calculer l'époque où la France subira la misère des Etats du Midi, puisqu'il est constant qu'elle s'appauvrit chaque année de *cinquante millions* et plus, pour solder en espèces la balance de son compte commercial avec les Nations étrangères. La masse de notre numéraire nous promet-elle quarante ans, nous en garantit-elle trente?

Depuis l'apparition du funeste projet, l'argent se resserre, des murmures s'élèvent de toutes parts : que sera-ce s'il est converti en loi? Le laboureur, bien à tort sans doute, se croirait menacé du retour des dîmes et des priviléges, l'artisan se dirait tributaire de l'Emigré, le propriétaire verrait dans son privilége un outrage, le rentier une injustice, l'acquéreur une condamnation ; le débit du marchand se ranimerait-il un moment, ce serait bientôt pour dépérir. De plus en plus les impôts se paieraient difficilement, des plaintes, arrachées par la douleur, paraîtraient séditieuses; de là, de nouvelles rigueurs. Et tous les cabinets ensemble ne pourraient assurer au Ministère actuel un bail de cinq années. Ses successeurs n'hériteraient de son *système* d'indemnité que pour le détruire. S'ils sortaient des rangs de la nation constitutionnelle, leur premier devoir serait de foudroyer toutes les indemnités ; mais les expectans à l'Indemnité sont trop puissans pour que les portefeuilles leur échappent.

Paris, la capitale de la civilisation moderne, où la mort même étale tout le faste de la grandeur, le gouffre où tous les capitaux affluent, Paris offre de nouvelles villes aux regards des députés. Quel contraste avec les contrées qu'ils viennent de quitter! Et il est question de donner à la capitale un entrepôt, un port de commerce qui achèveraient d'épuiser l'intérieur : pourtant les coins de la nouvelle monnaie vont nous reproduire, avec l'image chérie de Charles X, ces mots : *Roi de France*, et non pas Roi de Paris. Tous les députés savent bien que, dans les départemens, tous tributaires de la capitale, la masse du numéraire décroit chaque année d'une manière effrayante ; que le commerce, gêné en outre par l'agiot sur les anciennes monnaies, ne pourra bientôt s'y faire que par la voie des échanges ; que les bureaux des hypothèques attestent incessamment la détresse des familles, qui déjà est telle que, même dans de grandes villes, une dot de 20,000 fr. comptant fait événement ; qu'enfin l'usure, poursuivie à présent avec vigueur, révèle trop les besoins de plus en plus croissans.

Les hôpitaux ne peuvent subvenir à la classe indigente, et on convoite jusqu'au peu de biens qu'ils ont recouvrés. L'argent manque aux communes pour des réparations urgentes ; les villes sont obligées de recourir à des emprunts pour des constructions indispensables. L'avenir est déjà grévé des dépenses immenses qu'exigent les routes défoncées : nos ports seront bientôt encombrés, parce que le Gouvernement, dissipant dans un grand nombre les fonds qui serviraient à en vider quelques-uns, dépense beaucoup et ne termine rien. Que de besoins publics on satisferait, que de travaux on exécuterait avec le milliard de l'Indemnité ! Livré à l'Emigration, quel profit en retirera la chose publique ? Possédée constamment de ses passions superbes, la Noblesse fera ajouter quelques pavillons à ses châteaux, clore des parcs ; elle s'entourera d'une nombreuse domesticité, étalera son luxe dans les villes, son orgueil dans les campagnes et jusque dans les églises ; elle dissipera en fêtes, en plaisirs, des indemnités qui, séduisant des prêteurs, les rendront victimes de leur confiance ou de leur avidité. Cette classe improductive corrompra même l'industrie, fatiguée à satisfaire ses frivolités , et appauvrie de capitaux énormes, nécessaires à des besoins de tous les jours , qu'elle aurait multipliés en les faisant fructifier , et qui auraient attiré de l'étranger tant d'autres capitaux.

Partout le commerce et l'agriculture attendent , mais en vain , l'exécution de ces canaux projetés depuis des siècles. Le Gouvernement , qui prétend que tout doit se faire par lui , rend ces projets mêmes onéreux à l'Etat. Il a créé des emprunts , reçu beaucoup d'argent dont le peuple est obligé de payer l'intérêt , et tous les travaux d'une campagne ne montent qu'à 6,300,000 fr. : encore le tiers de cette dépense est-il pour le canal de Paris. Certes , ce ne sont pas les bras qui manquent. Voyez dans nos villes , dans nos ports , cette multitude d'ouvriers , heureux si chaque semaine leur procurait trois jours de travail. Mais l'administration qui fait travailler si chèrement , repousse le secours de l'industrie particulière par ses devis exagérés. Ainsi elle avait évalué à 4 millions les dépenses de ·construction du pont du Vé ; et ce bel ouvrage enfin achevé , coûte seulement 2 millions.

Un exemple. Quel pair , quel député , propriétaire ou élu dans les départemens du Calvados , de l'Orne , de la Sarthe , de la Mayenne , de Maine-et-Loire , etc. , n'est pas convaincu avec toute la population , qu'il ne peut exister de prospérité pour ces contrées , si importantes, sans le canal de jonction de l'Orne et de la Mayenne ? Eh bien ! la dépense a été calculée à *six* millions. C'est du milliard de l'Indemnité la *cent soixante-sixième partie.* Six millions procureraient du travail , des débouchés, un commerce actif , une grande industrie , principalement à cinq départemens dont la population s'élève à près de 2,400,000 individus. Et tel Emigré , ou son fils , ou un collatéral , va recevoir plusieurs fois ces six millions (1) !

_____

(1) Le projet de joindre la Manche à l'Océan par l'Orne, la Mayenne

ou la Sarthe, et par la Loire, fut conçu par Henri IV et adopté par Louis XIV. Une souscription, ouverte depuis deux ans, n'a pu fournir même le tiers des six millions demandés: tant l'argent devient rare. Le Calvados, a dit à la tribune M. de Vaublanc, verse chaque année 16 millions à Paris, et il reçoit en retour à peine 6 millions. Une compagnie qui serait affranchie de la centralisation, commencerait par débarrasser l'Orne des faibles obstacles qui la rendent non navigable de Caen à Argentan. Un bateau à vapeur et d'autres bateaux qu'il remorquerait au besoin, procureraient bientôt des bénéfices tels que les capitaux afflueraient. Trois campagnes suffiraient pour que le canal de l'Orne et Mayenne fût livré au commerce, pour que des marchandises expédiées de Rouen pussent, en peu de jours, être débarquées sur le quai de Nantes. Car la ville de Caen doit espérer du commerce, bien plus encore de la navigation supérieure de l'Orne, que du redressement de son embouchure. Mais cette ville, célèbre et belle parmi nos grandes cités, voit sa population ouvrière désespérée par la fabrication du tulle. D'autres ouvrages que la dentelle pourraient y occuper une foule de bras oisifs, si à un quart de lieue n'était pas Beaulieu, maison de correction pour trois départemens. Elle contient près de 600 détenus: on l'agrandit, à bien gros frais, pour qu'elle puisse en renfermer 12 à 1500. Tous les travaux s'y portent de la ville, même des fabriques et des filatures. Honorons-nous de cet esprit philanthropique, une des gloires de notre siècle, qui transforme des prisons en d'immenses ateliers, et qui procure pour correction au vice, au malheur pour consolation, le travail. Mais c'est, le plus souvent, le manque de travail ou l'exiguité de ses salaires qui provoque au crime et au libertinage; et il est dans la masse du peuple, qui lutte incessamment contre la misère, des vertus que dédaigne notre ordre social. Écoutez les alarmes d'une population honnête et industrieuse, qui ne prévoit que trop bien les maux dont la menace l'agrandissement de Beaulieu. *Hélas*, dit-elle, *il n'y aura donc plus de travail que pour les voleurs!* D'autres villes que Caen éprouvent aussi les effets du voisinage de semblables maisons. La classe ouvrière, sans laquelle il n'y aurait ni commerce, ni industrie, ni armée, a tous les droits à des indemnités, et la seule qu'elle sollicite c'est du travail, pour enrichir la société. On débite, dans de vastes salons, des discours sur le sort du peuple: tout ce fracas oratoire se réduirait bien à un simple colloque. Un artisan: Monsieur, du travail. Un homme puissant: la morale, mon ami. — J'ai faim. — Tais-toi, sinon......

CHAPITRE XVIII.

Des Biens nationaux.

Un milliard, dès le début de l'Indemnité, ne peut pas s'emporter sans qu'on accorde à la nation qui doit le payer quelques consolations, surtout des espérances. Les ukases mêmes contiennent des motifs ; le Divan s'adresse aux vrais croyans ; notre Ministère s'efforce de trouver des crédules, quoiqu'il éprouve que ceux qui qualifiaient la classe plébéienne de *bonnes gens* ne le sont guère eux-mêmes. Il dit donc qu'un milliard d'accroissement de fortune doit agir puissamment sur l'aisance d'un grand nombre de consommateurs, et accroître ainsi le produit des droits. Personne ne doute que l'Emigré, qui naguère ne s'attendait à rien, et à qui il tombe 28,571 fr. si le partage se fait par tête, sera plus riche d'autant ; mais entre l'Emigré qui prend et le Ministre qui espère reprendre, est un tiers, contribuant et n'ayant rien à recouvrer, obligé même à payer les frais de perception et de distribution. Si l'expédition militaire contre l'Espagne a fait baisser, dans l'année 1823, le produit des droits indirects de 12 millions, l'Indemnité, hostile envers les intérêts nationaux, exige dix années, cinq ans pour émettre le papier de son milliard, et cinq ans pour le retirer.

Law manierait encore nos finances, qu'il ne croirait pas « que les taxes sur les transactions et les consommations seront accrues, par l'Indemnité, d'une somme successivement égale à la moitié des intérêts dont elle va imposer la charge au trésor. » Le Ministre évalue à trente-neuf millions le revenu des immeubles d'Emigrés ; ce n'est que la 35e partie du revenu total des immeubles du royaume, porté aussi par le Ministre à 1,356 millions. Le droit de mutation étant de 6 fr. 30 c. par cent, pour que le Fisc obtienne un million d'accroissement, il faut près de 16 millions d'accroissement dans les mutations. Il est seulement vrai que l'Indemnité exige 30 millions de rente; mais pour se convaincre de l'impossibilité d'en recouvrer la moitié, même 2 millions, sur les droits d'enregistrement, d'hypothèque, de timbre, etc., il suffit d'interroger les chiffres. Quel roulement éprouveraient chaque année tous les immeubles, et surtout les biens nationaux, qui en sont le 35e! Un Etat qui subirait un semblable bouleversement serait près de sa ruine.

Avant la Restauration, les acquéreurs de biens nationaux, pleins de sécurité, vendaient, échangeaient ces biens dont les décomptes n'étaient pas tous appurés. Mais des *provocations* sont faites, des manœuvres souterraines sont pratiquées; les amnistiés semblent faire, des Emigrés rentrans, des agens pour travailler l'opinion; de grandes dames parcourent des départemens; l'effroi est parmi les acquéreurs, la division dans les familles. A la tribune, dans mille brochures, on expose les malheurs des *classes privilégiées*; M. le duc de Blacas profère les mots d'*équitable restitution*; un autre ministre vante la *ligne droite*. Ainsi est tracée la course si droite, si rapide et à jamais déplorable, qui ramène de l'ile d'Elbe à Paris Napoléon. Seul en présence d'immenses populations, il lui suffit de caresser les craintes qu'on leur a inspirées, de répéter les paroles fatales qui ont retenti partout.

On doit le dire, à l'honneur de la Nation et de Louis XVIII, malgré *ces fautes*, l'opinion publique se confia dans la parole du Roi, qui lui dit alors : *Moi qui n'ai jamais promis en vain*; et cette confiance, que ne put effrayer tout le fracas des projets de la Chambre de 1815, obtint l'ordonnance salutaire du 5 septembre. L'ère constitutionnelle parut alors commencer pour la France si tourmentée et si généreuse; les biens acquis légitimement en vertu des lois, atteignirent de nouveau la valeur des autres immeubles. Cependant l'intérêt aristocratique ne cessa de travailler sourdement, partout, à déprécier ces biens : le jésuitisme n'est pas plus fécond en ruses. On ne peut douter que le grand zèle religieux qu'un parti a manifesté incessamment, n'ait eu pour but secret d'exciter le Clergé à user de son influence contre les nouveaux possesseurs ; incitations qui, reçues, auraient causé bien des mécomptes à ce parti : elles auraient profité plutôt aux fabriques des églises et à ces deux mille couvens dont la France est déjà dotée.

Les Ministères qui se succédèrent ne sévirent pas contre ces manœuvres que l'impunité enhardit ; ils préparèrent leur chute : heureux si la France n'avait pas à leur imputer l'origine de l'Indemnité. On vit le Ministère public soumettre à la torture de l'interprétation des mots, des phrases isolées ; mais sa loupe sembla lui échapper sur tant d'ouvrages dirigés contre les ventes légales des biens de l'Emigration. Tandis que des affiches annonçaient partout les condamnations très-sévères encourues par des artisans provoqués dans l'ivresse à pousser quelques cris insensés, on laissait placarder au-dessus : *Ventes de biens de première, de seconde origine, biens patrimoniaux.* Ces distinctions, condamnées par la Charte, devinrent pour les officiers publics une formule consacrée, comme celle qui commence leurs actes. Quels notariats n'ont pas vu accourir, aux annonces de ventes, des émissaires bien pensans, riches de zèle, mais pauvres d'écus, et qui auraient voulu d'un bureau se faire une tribune, afin de proclamer l'instabilité des propriétés vendues par la Nation pour sa défense contre l'Europe !

Depuis 1820, le parti aristocratique marcha de succès en succès ; il poussa ses créatures aux Ministères ; les élec-

tions furent violentées, corrompues ; l'opposition constitutionnelle fut décimée ; on n'épargna rien pour préparer
l'avénement de l'Indemnité. Ce parti proteste aux pieds du
trône qu'il ne demande rien, mais il s'irrite de ce que l'invasion de l'Espagne, qu'il a commandée, oblige de différer
l'accomplissement de ses projets : il croit le trouver dans
la réduction de l'intérêt de la rente perpétuelle ; mais s'a-
percevant de sa méprise, il affecte encore des sentimens
généreux ; enfin le Trésor public lui est livré, mais
s'il y trouve un milliard, ce n'est pas en or : dissimulant
sa joie, il espère avoir plus, et il ne juge pas cette base assez
riche pour l'Indemnité. Que lui faut-il donc ? Le Ministère s'est lancé avec lui dans une carrière sans bornes ; car
la Charte ne peut plus opposer de barrière, puisqu'elle
condamne le projet même des Indemnités.

« Peu de jours suffiront, ont dit les Ministres, pour ef-
facer les traces de la discussion de l'Indemnité et l'agitation
qu'elle fait naître. » Plut à Dieu ! Mais le Peuple, s'il *paye*,
ne *chante plus*. Il sont passés ces temps où l'esprit national
se vengeait de ses maux par la satire. Souhaitons que le
capitaliste ne craigne pas de ressembler « à l'individu
qui, voulant acheter un bien volé, propose à celui à qui
la violence l'a arraché, de l'autoriser de l'acheter au spoliateur. » (M. Puymaurin, *Mon.* n° 9.) Le propriétaire,
incertain si l'art. ix de la Charte prononce que toutes les
propriétés *sont* ou *seront* inviolables, relira-t-il sans effroi
le contrat que lui a remis l'Etat, son vendeur ? Ne lui annon-
cera-t-on point, même par-dessus les toits, que sa conscience, qui parle pour la justice, lui dit ou doit lui dire :
« Ce bien n'était pas à toi : il ne t'a rien ou presque rien coûté :
une année du revenu t'a rendu tes avances. Tu jouis depuis
30 ans d'un usufruit tout gratuit. Tu n'avais rien : n'as-tu
pas élevé tes enfans, acheté d'autres biens qui te reste-
ront, acquis de la consistance dans le monde ? Quelle spéculation t'aurait autant profité ? (M. Duplessis-Grénédan,

Mon., n° 53.) Que deviendraient cette consistance, l'honneur, la sécurité, les alliances entre les familles, l'union parmi les citoyens, si l'opinion publique jugeait aussi « que l'article 1er du projet établit que le plus fort, le plus adroit, le plus heureux et le plus scélérat, peut donner la mort à son voisin et s'emparer de son bien, avec l'espérance qu'un jour cette usurpation sera légalisée? » (M. Thiboust de Puisac, *Mon.*, n° 59).

La France a entendu aussi proposer de frapper d'une imposition particulière les biens nationaux, d'en dépouiller le propriétaire pour lui donner en échange l'Indemnité de l'Émigré, ou de ne l'offrir à celui-ci qu'à titre d'à compte, de faire payer aux Émigrés, par les propriétaires, le tiers du prix des biens confisqués. Mais elle sait que la majorité des députés a repoussé ces propositions, qui doivent peu étonner, parce qu'il en fallait de diverses sortes pour déguiser l'Indemnité. Déjà riche d'un milliard, elle sera augmentée d'un cinquième, si elle conserve le privilége de l'exemption de tous droits de mutation pour rétrocession des biens vendus par l'État.

L'Indemnité se montre à peine, et déjà elle est un fléau, une calamité. Semblable à ces plaies qui désolèrent l'Égypte, elle frappe le laboureur sur son champ, l'artisan dans son atelier, le marin sur son navire, le négociant à son comptoir, le rentier dans sa retraite, le propriétaire sur son domaine. L'heureux Anglais se réjouit de l'abolition d'impôts onéreux : le Français est condamné à porter au Fisc tout son argent : pour se consoler, il lui faut considérer l'Espagnol. Notre Ministère a emporté ses projets d'indemnité et de réduction des rentes, mais l'avenir l'effraie dans son triomphe. Il reconnaît que l'abolition de l'impôt sur le sel est indispensable pour l'amélioration de la culture et l'accroissement du bétail : mais, déclare-t-il quelques jours après sa victoire, mais nous sommes loin de la situation qui permettrait au Gouvernement de diminuer aucun impôt de 10 millions : en donner l'espoir serait même une imprudence (31 mars). En effet, l'Indemnité ne va point prendre seulement 6 millions à l'État, elle va encore grever le budget de 1826 d'un déficit peut-être de plus de 20 millions dans les recettes de l'enregistrement, des contributions indirectes et autres. Que sera-ce dans cinq ans ?

CONCLUSION.

L'ÉGALITÉ, mais l'égalité du malheur, est ce qui reste à la Nation : l'Indemnité est due à tous, aucuns n'ont droit de l'obtenir par privilége. La cause des désastres de la France fut la Révolution : cette Révolution fut le produit de l'Ancien Régime : le Gouvernement et les Castes avaient creusé eux-mêmes, l'abîme qui les a engloutis. Des infortunes déplorables mais non inouïes, ont frappé l'Emigration ; tous les maux aussi ont accablé chaque rang de la société. Marchands, laboureurs, propriétaires d'offices, rentiers, créanciers des Nobles, tous sont ruinés, persécutés : sur les champs de bataille trois millions de Français meurent dans les guerres allumées par l'Emigration ; dans l'intérieur, des milliers de familles sont incarcérées, sont dépouillées par les Chouans, ou errantes elles deviennent les victimes de sanglantes représailles. L'Aristocratie fut décimée sur l'échafaud ; mais ces myriades de citoyens qui périrent dans les villes assiégées, dans les mitraillades, les noyades, n'appartenaient pas à la Noblesse. On peut en croire le vertueux M. Boissy-d'Anglas : « La France entière, dit-il devant la Convention, peut attester que, parmi cette foule innombrable de morts , le plus souvent ils furent pris dans la classe la plus laborieuse et la plus vertueuse du peuple. »

Enfin le calme succède aux tempêtes : une amnistie rend à la France les Déportés et les Emigrés. La patrie réclame le concours de tous les citoyens pour cicatriser ses plaies profondes. L'agriculture aussitôt fait des progrès étonnans qu'elle doit à l'ardeur de laboureurs libres , et à l'intelligence des nouveaux propriétaires ; l'industrie opère tous les prodiges par les efforts opiniâtres et réglés des classes de l'ancien Tiers-Etat ; les sciences et les beaux-arts se perfectionnent , s'élancent dans toutes les découvertes , grâces à ces savans et à ces artistes qui ont souffert la persécution pour conserver le feu sacré. Sans doute , les Français rentrés ne restent pas étrangers à cette glorieuse restauration de la puissance nationale. La Religion, purifiée des abus et des vices qui l'ont souillée si long-temps , reprend son empire sur les mœurs. Mais on voit , relégués dans l'obscurité du sanctuaire , ces prêtres qui avaient bravé des périls de tous les jours pour rester au milieu des fidèles ; mais , parmi les Emigrés , les plus distingués s'insinuent dans la Cour impériale , y répandent leurs anciennes traditions ; ils secondent le despotisme , et alors qu'ils méditent de l'exploiter , ils contribuent à sa perte.

A quels titres donc l'Emigration aurait-elle mérité le privilége de l'Indemnité ? Se prévaudrait-elle de son dévouement à la cause royale ? Elle indiquerait ainsi la source d'où pourrait émaner cette Indemnité. Mais nos pères , qui , en butte à la délation , incarcérés , exposèrent leur vie et les restes de leurs biens pour sauver des proscrits , qui entretinrent parmi le peuple l'amour de ses rois , qui sont morts victimes de leur zèle , ont donné des preuves bien plus efficaces de leur fidélité.

Il est un dévouement hypocrite , fanfaron , cupide, que l'Histoire dénonce. Il a été dépeint aussi par des femmes ,

les meilleurs juges de ce qui est bien , vrai et généreux ;
et deux reines l'ont éprouvé dans des époques également
critiques. Alors que la France , en proie à la famine ,
allait être envahie par les armées de l'Europe , et que le
dénuement du trésor faisait établir la capitation , Mme de
Maintenon mandait au duc de Richelieu : « Il est vrai que
le Roi a donné un ordre général pour faire payer tous les
courtisans qui , assurant tous les jours qu'ils donneraient
leur sang pour son service , ne veulent point payer cette
capitation. »—Cette dame écrivait aussi au duc de Noailles:
« Combien de fois avéz - vous entendu dire : Pourquoi
nous laisse-t-on de la vaisselle d'argent ? Le Roi nous
ferait plaisir de tout prendre. Depuis que les plus zélés
en ont donné l'exemple , tout est consterné ; on murmure,
on plaint au Roi toutes ses dépenses. Où se font ces murmures ? à sa porte. Par qui ? par des gens à qui il a tout
donné. »

Mme de Campan raconte que la Reine s'affligea de se
voir abandonnée pour des priviléges perdus , quand ses
droits étaient ouvertement attaqués. La Reine disait:
« Quand on obtient de nous quelque démarche qui blesse
la Noblesse , je suis boudée ; personne ne vient ... On ne
veut pas juger les nécessités politiques : *on nous punit de
nos malheurs.* » Et Louis XVI , dans le donjon du Temple , écrivit , en présence de la mort : *Je pardonne de
tout mon cœur ; je prie Dieu de pardonner à ceux qui ,
par un faux zèle , ou par un zèle mal entendu , m'ont
fait beaucoup de mal.*

Quelle confiance pourrait inspirer une Cour *boudeuse*,
si de nouveaux dangers survenaient? Ceux qui *murmu-
raient à la porte* l'auraient-ils ouverte? Il est temps encore: la loi de l'Indemnité est présentée à la Chambre des
Pairs. Elle a été rejetée par 124 députés : pourrait- elle se
glorifier d'avoir recueilli 259 votes , s'il était vrai, suivant
le calcul d'un journal , que la seconde Chambre compte

249 intéressés à l'Indemnité, 3 ministres, 6 directeurs-généraux, un commissaire du Roi : total, 259. On a dit aussi que 140 Pairs environ sont également parties dans ce grand procès; enfin, que du milliard, 300 millions profiteront à 400 Pairs et Députés. Ces aperçus auraient pu être évités par l'examen de la question de compétence.

Qu'il eût été beau de voir l'Emigration, animée du patriotisme qui honora la Noblesse en 1789 ! Le 17 février eût rappelé la nuit du 4 août. Au moins, la question préjudicielle aurait pu d'abord faire réduire de plusieurs dixièmes le milliard, ensuite opérer un partage du superbe banquet en faveur d'Émigrés pauvres, de fidèles domestiques qui n'ont pas retrouvé leurs chaumières, et en faveur des victimes de Lyon, de Toulon, des contrées que ravagea la guerre civile.

Mais le projet d'Indemnité a déjà porté son fruit. On doit respecter les motifs qui ont déterminé la majorité des Députés, tout en s'affligeant des résultats. La victoire aussi fut rarement sans dangers : à Rome, les triomphateurs permettaient qu'on leur rappelât qu'ils étaient hommes. Puisse l'aversion pour les révolutions ne nous inspirer que de vaines craintes !

En 1789, si les abus invétérés avaient enfin soulevé les passions populaires, les Castes possédaient encore tout le pouvoir, toutes les richesses ; et elles étaient fortes des mœurs, des coutumes vieilles comme la Monarchie. Tout-à-coup elles sont tombées : leurs débris se sont dispersés dans le monde entier. Depuis, elles ont subi une amnistie, elles ont été éclipsées long-temps : c'est d'hier qu'elles sont reparues, et aujourd'hui elles perçoivent, par privilége, sur la fortune de tous, un milliard.

On cherche à se rassurer, car il ne serait pas sage d'être sans crainte : de la Sainte-Alliance on fait la patronne de l'Indemnité, et elle est elle-même en quête de secours. Naguères son existence était menacée par la maladie du

Monarque son fondateur ; sa politique chancèle : la guerre rouvre ses arsenaux. L'Angleterre commande à Lisbonne, et convoite l'Archipel. L'Italie , l'Italie captive a perdu même l'éclat de ses fêtes religieuses. Près d'elle, les Hellènes, achevant de reconquérir la liberté, s'apprêtent à rejeter en Asie ces Ottomans , dont le despotisme paraîtrait moins odieux s'il avait emprunté les formes décevantes de l'européenne domination. L'Autriche n'aperçoit que dangers : l'Allemagne l'inquiète , la Grèce l'effraie , et la Russie l'épouvante. Les armées attendent le signal : les champs de bataille sont partout en Europe , partout sur nos frontières , qui sont dégarnies. A qui demander de nouveaux impôts? serait-ce aux contribuables *indemnisans?* des emprunts? serait-ce au rentier ruiné? Les soldats qu'on lèverait seraient la plupart les fils de ceux qu'on vient d'outrager si violemment.

La liberté a recouvré une patrie, et cette patrie est un continent entier, le Nouveau-Monde , affranchi de l'Europe, qui ne peut plus s'en détacher , et qui désormais, incapable de lui commander, devra lui obéir. Lorsque l'Amérique se constitue en république, lorsque ce grand siècle lui porte toute sa puissance , le pouvoir absolu et l'Aristocratie croiraient-ils se défendre contre cette révolution immense , en rétablissant leurs gothiques institutions ?

Les mers sont libres, cependant la détresse du royaume croît chaque jour. Que ne serait-elle pas si la guerre maritime recommençait ! Naguères , du moins , si la France était privée du commerce avec l'Amérique , elle commandait à l'Europe. A présent, sa population , qui augmente incessamment, se presse entre des frontières les plus étroites qu'elle ait eues depuis un siècle; et elle est maculée de l'Indemnité.

L'impôt doit avoir sa morale ; et cette morale est bien la plus sensible. Les taxes les plus lourdes ne sont pas toujours les plus insupportables. On répète à la tribune

qu'un allégement de quelques centimes est indifférent à chacun. Et Paris, dont la population est la seule riche, compte
100,000 personnes qui reçoivent l'aumône ou des secours.
Mais l'Indemnité attaque les intérêts de tous, rallume
les haines : elle crée parmi la Nation des catégories,
toutes ses tributaires, toutes blessées diversement par
elle.

Les vainqueurs de Fleurus, de Zurich, de Marengo,
achèvent d'user leurs forces, courbés sur la charrue. Leur
noble indigence serait soulagée si le milliard, promis par
une loi à leur vieillesse, leur était payé. Ils ne le récla-
ment pas ; mais ils devront des journées à l'Indemnité.
Les généraux qui les menèrent tant de fois à la victoire
sont forcés les premiers de lui fournir des tributs.

Pressée de recevoir, l'Indemnité plonge les rentiers dans
le désespoir. Réduire l'intérêt d'abord d'un demi, enfin à
4 pour cent, était servir le bien général et rendre la perte
moins sensible. L'industrie, dans les départemens, aurait
reçu progressivement des capitaux dont l'affluence peut
devenir pour elle une cause de malheur, en l'excitant à
des entreprises gigantesques. Mais l'agiotage et l'Indemnité veulent du 3 pour cent, et le Ministère, par ses menaces de remboursement, par ses promesses astucieuses
d'un intérêt décennal, par les espérances qu'il prodigue
à son nouveau papier, fait d'une opération bonne, une
mesure désastreuse.

L'Indemnité portera la dette publique à cinq milliards.
La loi de la Réduction des Rentes élèvera cette dette à 6
milliards et demi. Dotée d'un milliard, l'Indemnité cau-
sera à la fortune publique un préjudice de un, de plusieurs
milliards. Elle condamne le rentier aux agitations de l'a-
giotage, mais elle paralyse l'acquéreur de biens nationaux. Celui-ci entreprendra-t-il d'améliorer son fonds, de
l'enrichir d'usines, quand ce fonds est comme frappé
de séquestre ? Déjà les créanciers hypothécaires sont in-

quiets ; les partages entre les familles sont rendus diffi-
ciles , incertains.

L'Emigration , ajoutant à ses richesses immenses le
milliard réparateur, recréera ces grandes terres si chères
à l'Aristocratie orgueilleuse et chasseresse ; mais elle pro-
mettra en vain à la classe ouvrière de l'indemniser par son
luxe de la privation du travail dans les fabriques. Une
manufacture répand plus l'aisance dans une contrée que
vingt châteaux : elle sert mieux aussi la morale et l'accroissement de la population.

La population ! Ah ! vantons moins notre civilisation ,
parlons moins de religion , ou craignons que la postérité
ne nous accuse d'avoir sacrifié, avec la fortune publique,
l'humanité elle-même. C'est dans Paris, où déjà tout le numéraire afflue , roulant d'une barrière à l'autre sans se
répandre au-delà, que l'Indemnité va aussi se concentrer.
Le quart du milliard ne parviendra pas dans les départemens , et ce sera dans les plus favorisés que ce quart se
portera. Les autres contribueront de leurs dernières ressources. Si l'on ignore les effets terribles de la misère sur
les populations, qu'on interroge l'Académie des Sciences,
qui recueillit , le 6 décembre 1824 , cette observation dé-
solante d'un savant médecin : *Dans les départemens*
pauvres , la mort a déjà moisonné , à vingt ans, près
de la moitié des habitans. Dans les départemens ri-
ches, près de la moitié, au contraire, parviennent à l'âge
de quarante ans.... Et le champ vendu par l'État vient
d'être qualifié à la tribune , de *champ du sang !* « Ah ! s'é-
crie Rousseau, si la liberté de tout un peuple doit être
achetée au prix de la vie d'un seul de ses citoyens , elle
est payée trop cher! » Quel sacrilège ne serait-ce pas de
comparer l'Indemnité avec la liberté ?

Mais heureusement , les juges de l'Indemnité sont à
présent les Pairs de France, les magistrats et les guerriers qu'illustrent toutes les gloires nouvelles et les des-

cendans de ces races anciennes auxquels personne ne dispute la supériorité du nom et l'antiquité de l'origine. « Ils ne mériteraient pas le nom de *Grands*, dit Massillon, s'ils ne savaient pas même sentir ce que valent les hommes. Ce sont les Peuples tout seuls qui donnent aux Grands le droit qu'ils ont d'approcher du trône, et c'est pour les Peuples tout seuls que le trône lui-même est élevé. Mais si, loin d'être les protecteurs de la misère et de la faiblesse du Peuple, les Grands et les Ministres des Rois en sont eux-mêmes les oppresseurs, s'ils ne sont plus que comme ces tuteurs barbares qui dépouillent eux-mêmes leurs pupilles, grand Dieu ! les clameurs du pauvre et de l'opprimé monteront devant vous; vous maudirez ces races cruelles ; vous lancerez vos foudres sur les géans ; vous renverserez tout cet édifice d'orgueil, d'injustice et de prospérité, qui s'était élevé sur les débris de tant de malheureux, et leur prospérité sera ensevelie sous ses ruines. » (*Petit Carême, l'Humanité des Grands.*)

Il approche le jour solennel où Charles X, saisissant sur l'autel la couronne de ses pères, et ne la recevant de personne, va prêter à la Charte, puissance tutélaire de son trône, ouvrage immortel du Roi, qu'inspirèrent l'humanité, la paix, la liberté et la raison, un serment inviolable, serment qui retentira dans le monde entier, non pour l'ébranler, mais pour y être répété par l'amour et la reconnaissance. Heureux monarque qui n'aura plus à jurer d'exterminer aucun Français, à entendre les vœux d'un seul Ordre qui réclamait de ses prédécesseurs une protection exclusive ! Mais il contemplera la France, échappée à une révolution épouvantable, pour sonder, pour refermer à jamais ses plaies si multipliées, si long-temps saignantes, et que vient de rouvrir un projet funeste. Il a voulu consulter la Représentation nationale : une discussion solennelle l'a convaincu des difficultés immenses, des effets sinistres d'une réparation privilégiée, qui condamnerait les besoins de tous à plus de souffrances , et semblerait flétrir la Nation restée sur son territoire, appliquée à épurer ses mœurs, à produire toutes les merveilles de l'industrie. Et l'âme généreuse du prince, émue à l'aspect d'infortunes qui, quoique plus rapprochées de lui, n'ont pas été toutes consolées, cherchera pour elles, dans les trésors inépuisables de sa bienfaisance, quelques soulagemens. Mais repoussant l'orgueil, le privilége odieux et la cupidité insensibles aux malheurs du peuple entier, Charles X répétera ces paroles de Louis XVIII : « Nous avons considéré la situation de nos finances, patrimoine commun de la nombreuse famille dont nous sommes le père, et sur lequel nous devons veiller avec une sollicitude toute paternelle.... Il n'appartient qu'à moi de venir au secours d'une honorable indigence. » Et le vœu de l'Auguste frère de Louis XVI et de Charles X sera réalisé à jamais : *Tous les Français vivront en frères.*

FIN.

www.ingramcontent.com/pod-product-compliance
Lightning Source LLC
Chambersburg PA
CBHW070411090426

42733CB00009B/1622